Le libertin

Eric-Emmanuel Schmitt

Le libertin

Albin Michel

Éditions Albin Michel S.A., 1997
22 rue Huyghens, 75014 Paris
ISBN 2-226-08929-2

« J'enrage d'être empêtré dans une diable de philosophie que mon esprit ne peut s'empêcher d'approuver, et mon cœur de démentir. »

Denis Diderot,
Lettre à Madame de Meaux,
septembre 1769.

PERSONNAGES

DENIS DIDEROT, philosophe.

MADAME ANNA DOROTHEA THERBOUCHE, portraitiste et escroc.

MADAME ANTOINETTE DIDEROT, épouse de Diderot.

ANGÉLIQUE DIDEROT, fille de Diderot.

LA JEUNE D'HOLBACH, jeune fille.

BARONNET, secrétaire de Diderot.

Décor unique.

Un petit pavillon de chasse au fond du parc de Grandval.

Le baron d'Holbach a mis l'endroit à la disposition de Diderot ; celui-ci l'a naturellement transformé en un immense bric-à-brac qui oscille entre le bureau, le boudoir et le cabinet de savant. Livres, télescopes, cornues s'entassent en désordre sur la banquette, les fauteuils et les couvertures brodées. Curieusement, quelques vieux jouets de bois traînent dans les coins.

Une porte donne sur l'extérieur, une autre sur une antichambre surmontée d'un œil-de-bœuf.

SCÈNE 1

Diderot, Mme Therbouche

Anna Dorothea Therbouche, portraitiste prusso-polonaise, est en train de dessiner Denis Diderot, allongé sur le sofa, face à elle, dos au public. Il porte une sorte de toge antique qui lui laisse les épaules et les bras nus.

MME THERBOUCHE. Arrêtez de changer d'expression, je n'arrive pas à vous saisir. Allons ! Il y a une seconde vous étiez pensif, la seconde suivante vous aviez l'air rêveur et voilà maintenant que vous affichez une mine désolée. En dix minutes, vous avez cent physionomies diverses. Autant peindre un torrent !

DIDEROT. Je ne vois qu'une seule solution : assommez-moi.

Mme Therbouche rit puis s'approche. Elle dénude l'épaule de Diderot.

MME THERBOUCHE. J'aime la philosophie.

DIDEROT. Vous devriez lui préférer les philosophes.

MME THERBOUCHE *(reprenant son croquis).* Ne dites pas de sottises : Socrate était laid. *(Un temps.)* On m'a dit qu'il avait le petit défaut... enfin... qu'il regardait les hommes... bref, qu'il était perdu pour les dames !

DIDEROT. Moi, ce sont les femmes qui me perdent. Mes mœurs n'ont rien d'antique, j'aime mieux enlever les robes que les porter.

MME THERBOUCHE. Ne bougez pas. *(Un temps.)* J'aurais aimé faire son portrait... à Socrate.

DIDEROT. Trouvez-vous que je lui ressemble ? Mes amis m'appellent parfois le Socrate débraillé.

MME THERBOUCHE. Effectivement, vous êtes très débraillé...

DIDEROT. Mais encore ?

MME THERBOUCHE. ...assez bon philosophe...

DIDEROT. Oui ?

MME THERBOUCHE. ...mais plutôt moins laid.

DIDEROT *(charmeur)*. Plutôt ?

MME THERBOUCHE. Beaucoup moins laid.

DIDEROT *(ravi)*. Ah, que j'aime la peinture !...

MME THERBOUCHE. Que j'aime la philosophie !

Ils se regardent avec envie. A cet instant-là, on entend tambouriner derrière la porte.

SCÈNE 2

La voix de Baronnet, Mme Therbouche, Diderot

DIDEROT. Oui ?

LA VOIX DE BARONNET. Monsieur Diderot, monsieur Diderot, c'est très urgent.

DIDEROT. Je travaille ! *(A Mme Therbouche.)* C'est qu'il y a urgence et urgence...

LA VOIX DE BARONNET. Mais, monsieur Diderot, c'est pour l'*Encyclopédie* !

DIDEROT *(changeant soudain).* L'*Encyclopédie* ? Que se passe-t-il ? *(Il s'est redressé. Il saisit une robe de chambre et la passe. A Mme Therbouche.)* Excusez-moi.

SCÈNE 3

Baronnet, Mme Therbouche, Diderot

*Le jeune Baronnet, secrétaire de l'*Encyclopédie, *entre en hâte, essoufflé.*

BARONNET. Rousseau s'est récusé, il n'écrira pas son article. Il dit qu'il a été poursuivi récemment par la police et n'a pas envie de risquer à nouveau de vivre six mois dans sa cave. Il me l'a fait savoir ce matin.

DIDEROT. Mais nous mettons sous presse dans trois jours ! Nous avons déjà du retard ! Fichu Rousseau ! La police ! Est-ce que je n'ai pas fait de la prison, moi, déjà ?

BARONNET. Nous avions réservé une page de quatre colonnes pour l'article, c'était la dernière livraison attendue, les autres planches sont prêtes. Il n'y a qu'une seule solution, monsieur, comme d'habitude, j'ai bien peur que...

DIDEROT. Quoi ?

BARONNET. Eh bien, que vous ne soyez obligé de...

DIDEROT. Oh non... Non, Baronnet, je n'ai pas le temps.

BARONNET. Tout est tellement facile à Monsieur...

MME THERBOUCHE. Quand il a le temps !

BARONNET. Monsieur, ce n'est pas la première fois que vous serez obligé d'écrire un article à la dernière minute. Et l'*Encyclopédie* s'en est toujours bien portée.

DIDEROT. Écoute, mon petit Baronnet, je suis venu à la campagne, chez le baron d'Holbach, pour me reposer.

BARONNET *(suppliant).* Monsieur... pour l'*Encyclopédie.*

DIDEROT. Quel est le sujet ?

BARONNET. La morale.

DIDEROT. Parfait ! Va trouver le baron d'Holbach dans le parc, cela fait des années qu'il nous prépare un énorme traité de morale, il lui sera facile d'en extraire une ou deux pages.

Baronnet ne semble pas très convaincu.

BARONNET. Le baron d'Holbach ? Monsieur, ce serait tellement mieux signé par vous !

DIDEROT. Eh bien, qu'il l'écrive, je le signerai. Va, Baronnet, va !

Baronnet, peu satisfait, obéit et sort.

SCÈNE 4

Mme Therbouche, Diderot

MME THERBOUCHE. Merci.

DIDEROT. Depuis que je dirige l'*Encyclopédie,* tout mon temps a été mangé par cette tâche. Aujourd'hui je serai inflexible. Je vous donne mon temps.

MME THERBOUCHE. Je l'accepte. *(Elle se remet à dessiner.)* Votre secrétaire n'avait pas l'air très ravi de demander l'article au baron.

DIDEROT. Il faut dire que d'Holbach écrit d'une main un peu lourde. Il trempe sa plume dans l'amidon. Imaginez un gâteau sans levure, c'est cela, la littérature du baron d'Holbach : ça vous plombe l'estomac et ça ne remonte jamais jusqu'au cerveau.

Elle pose brusquement ses craies, embarrassée.

MME THERBOUCHE. Monsieur Diderot, il faut que je vous avoue quelque chose.

DIDEROT *(badin)*. Oui ! Des aveux !

MME THERBOUCHE. Nous n'y sommes pas du tout : vous comme ceci, moi comme cela, nous faisons fausse route. Ce n'est pas ce que je voulais.

DIDEROT. Que vouliez-vous ?

MME THERBOUCHE. Je ne veux pas que nous nous contentions de cette pose.

DIDEROT. Soit.

MME THERBOUCHE. Nous devons aller... beaucoup plus loin !

DIDEROT. Allez, je vous suis.

MME THERBOUCHE. Vous comprenez, je voudrais respecter la nature et l'innocence des premiers âges...

DIDEROT *(l'œil allumé).* C'est cela, écoutons la nature...

MME THERBOUCHE. Je voudrais faire avec vous quelque chose que je ne pourrais pas faire avec M. Voltaire...

DIDEROT. Ah ça ! Voltaire ne le fait plus...

MME THERBOUCHE. En un mot, puisque, comme vous dites, vous autres Français, il faut appeler une chatte une chatte, vous me pardonnerez mon outrecuidance, je voudrais faire un tableau de vous... nu !

DIDEROT *(revenant sur terre).* Pardon ?

MME THERBOUCHE. J'aimerais tant qu'un philosophe, enfin, soit aussi simple qu'un autre modèle, et se révèle aux yeux du monde tel que la nature l'a fait.

DIDEROT. Vous savez, c'est l'étude plus que la nature qui fait le philosophe.

MME THERBOUCHE *(n'écoutant pas)*. Un tableau unique, franc : le philosophe dans son plus simple appareil !

DIDEROT. Ah ça, mais... c'est que je ne sais pas si justement il est simple, mon appareil.

MME THERBOUCHE. Monsieur Diderot, vous avez écrit que la pudeur n'est pas un sentiment naturel. *(Elle sort violemment un petit volume marqué à une page.)* Vous l'avez montré lorsque vous étudiiez la morale de l'aveugle « sans les injures de l'air, dont les vêtements le garantissent, il n'en comprendrait guère l'usage ; et il avoue franchement qu'il ne devine pas pourquoi l'on couvre plutôt une partie du corps qu'une autre, et moins encore par quelle bizarrerie on donne entre ces parties la préférence à certaines que leur usage et les indispositions auxquelles elles sont sujettes demanderaient qu'on les tînt libres ». Pas de mignardises entre nous, monsieur Diderot, vous pouvez entretenir avec moi des rapports philosophiques !

DIDEROT. Mais justement, je ne sais pas si nous saurions les restreindre à la sphère étroite de la philosophie. Vous êtes une femme et...

MME THERBOUCHE. Je suis un peintre, vous êtes un philosophe.

DIDEROT. Tout de même, vous habillée, moi nu ! Si vous vous mettiez dans la même tenue, je ne dis pas...

MME THERBOUCHE. Vous raillez, monsieur Diderot ! je ne vous propose rien de déshonnête.

DIDEROT *(déçu)*. Ah...

MME THERBOUCHE. Croyez que j'en ai vu, des hommes nus !

DIDEROT *(toujours déçu, un peu faux cul)*. Bien sûr. Glissons. Glissons.

MME THERBOUCHE. Et plus d'un !

DIDEROT. Ben tiens !

MME THERBOUCHE. Et de toutes sortes, des beaux, des laids, des grands, des forts, avec de petits membres, avec de très grands membres, avec...

DIDEROT. Oui, oui : glissons, glissons.

MME THERBOUCHE. Si vous pensez que leur nudité me trouble, vous vous trompez : je ne sens rien, plus rien ! Tenez, je peux vous dire que votre nudité ne me provoquera pas plus d'effet que la toile du sofa, ou les plis de votre toge, ou bien même ce coussin.

DIDEROT *(aigre, pour lui)*. Le coussin ? On n'est pas plus aimable. *(Pour elle.)* Oui, mais...

MME THERBOUCHE. Quoi ?

DIDEROT. Et si cela me faisait de l'effet, à moi ?

MME THERBOUCHE. Comment ?

DIDEROT. D'être dans cet état... devant vous...

MME THERBOUCHE. Eh bien ?

DIDEROT. Vous n'êtes pas repoussante... et...

MME THERBOUCHE. Je me suis trompée. Je vous avais lu, je vous avais admiré, je croyais que vous étiez le seul homme d'Europe capable de passer outre à certaines convenances, que vous auriez la simplicité, l'innocence d'Adam avant le péché. C'était donc une sottise de ma part ?

DIDEROT. Attendez ! *(Un temps. On voit qu'il prend la décision.)* Alors je pose la toge et je m'allonge, c'est cela ?

MME THERBOUCHE. C'est cela.

Diderot s'exécute. Il est nu, il s'étend sur le sofa.

MME THERBOUCHE *(prenant ses craies et commençant).* Je vous admire, monsieur Diderot : quelle fermeté d'âme !

DIDEROT *(grommelant).* S'il faut que je pose mon pantalon pour qu'on remarque ma fermeté d'âme !

MME THERBOUCHE. Vous êtes beau.

DIDEROT *(agacé).* Je sais, d'une grande beauté intérieure...

MME THERBOUCHE. Non, vous, votre corps, monsieur Diderot. On a menti : Socrate n'était pas laid, vous êtes beau !

DIDEROT. Taisez-vous, parlez-moi comme à un coussin.

Elle s'approche et rectifie la position. Diderot souffre d'être ainsi manipulé. Elle se replace derrière le chevalet.

MME THERBOUCHE. Pourquoi ne me regardez-vous plus ?

DIDEROT. A votre avis ?

MME THERBOUCHE. Regardez-moi.

DIDEROT *(embarrassé)*. Comme depuis le péché d'Adam, on ne commande pas à toutes les parties de son corps comme à son bras, et qu'il y en a qui veulent, quand le fils d'Adam ne veut pas, et qui ne veulent pas, quand le fils d'Adam voudrait bien...

MME THERBOUCHE. Je n'entends rien à la théologie, je vous ordonne de me regarder.

DIDEROT. Très bien, vous l'aurez voulu.

Il ne cache plus son sexe. Il la regarde. Elle peint.

DIDEROT *(mécontent de lui)*. Ah !

MME THERBOUCHE *(sans relever la tête)*. Quoi ?

DIDEROT. Rien... je voudrais être un coussin.

MME THERBOUCHE *(sévère).* Ne bougez plus et regardez-moi.

Il s'exécute.

MME THERBOUCHE *(jetant un coup d'œil rapide).* J'ai dit : ne bougez plus.

DIDEROT. Mais je ne bouge plus.

MME THERBOUCHE. Cessez donc, je vous prie.

Diderot comprend subitement l'origine du mouvement, regarde entre ses jambes, rougit et pose sa main sur son sexe.

MME THERBOUCHE *(continuant son travail).* Naturel, j'ai dit ! Naturel ! Ne cachez rien ! La philosophie toute nue. Ne cachez rien.

DIDEROT. Tant pis. Pour la philosophie !

Et il ne cache plus sa nudité.
Mme Therbouche continue à croquer, mais son regard ne peut s'empêcher de revenir sans

cesse sur l'entrejambe du philosophe, dont l'hommage croissant semble la fasciner.

MME THERBOUCHE *(légèrement grondeuse).* Monsieur Diderot !

DIDEROT. Expression grandissante de ma fermeté d'âme.

Elle essaie de poursuivre sans trop regarder. Elle travaille quelques instants sur sa toile puis l'observe de nouveau. Et là, elle joue le malaise, pousse un cri en laissant tomber ses craies.

MME THERBOUCHE. Ah !

Diderot la reçoit dans ses bras et l'enlace sensuellement.

DIDEROT. Qu'y a-t-il ?

MME THERBOUCHE. Ça !

DIDEROT. Rassurez-vous : je suis moins dur que lui.

Elle se laisse aller contre lui. Ils s'embrassent. On frappe alors très fort à la porte.

SCÈNE 5

La voix de Baronnet, Diderot, Mme Therbouche

LA VOIX DE BARONNET. Monsieur Diderot, monsieur Diderot !

DIDEROT. Je ne suis pas là !

LA VOIX DE BARONNET. Monsieur Diderot, monsieur Diderot, ouvrez, c'est Baronnet.

DIDEROT. Baronnet ! Si tu allais faire un tour pendant une demi-heure... *(il regarde Mme Therbouche)*... une heure... *(Mme Therbouche lui fait un signe)*... une bonne heure et demie... en attendant que M. Diderot revienne ?

LA VOIX DE BARONNET. Monsieur Diderot, le baron d'Holbach est introuvable ! Il est parti en visite à Chennevières, il reviendra ce soir. Je n'aurai jamais mon article à temps.

Diderot enfile immédiatement sa robe de chambre

DIDEROT *(à Mme Therbouche)*. Excusez-moi...

MME THERBOUCHE *(poussant un soupir de dépit, mais toujours souriante)*. Ouvrez-lui, je vous ouvrirai après.

DIDEROT. Merci, la Peinture.

MME THERBOUCHE *(du tac au tac)*. Je vous en prie, la Philosophie.

Diderot demande s'il peut vraiment ouvrir.

MME THERBOUCHE. Mais oui, faites-le entrer : je n'ai pas honte de vous.

SCÈNE 6

Baronnet, Mme Therbouche, Diderot

Baronnet entre et fonce sur Diderot, avec l'innocence de la jeunesse qui ne soupçonne rien des jeux adultes.

BARONNET. Il faut absolument que vous improvisiez quelque chose, c'est trop important.

DIDEROT. Oui, mais c'est que, justement, madame Therbouche et moi nous traitions aussi d'une affaire d'importance...

MME THERBOUCHE. ...d'extrême importance.

DIDEROT *(à Mme Therbouche, rougissant).* Vous me flattez ! *(A Baronnet.)* Et cette affaire dont dépend le destin de...

MME THERBOUCHE. ...de l'Europe !

DIDEROT *(sautant sur le mensonge).* ...de l'Europe, bref, cette affaire hautement diplomatique, mon petit Baronnet, ne peut, elle non plus, souffrir aucun retard.

BARONNET *(ambigu, commençant à se douter de la situation).* J'ignorais qu'on traitât les affaires du monde en robe de chambre.

DIDEROT. Eh bien, tu auras appris quelque chose aujourd'hui, ce sera donc une bonne journée.

BARONNET. Monsieur Diderot, la morale, c'est un sujet pour vous. Il n'y a que vous qui puissiez modifier la façon d'aborder cette question.

DIDEROT. Je te dis que nous travaillons, Baronnet ! Et dur, crois-moi ! *(Se calmant.)* Quel est le sujet de l'article ? La morale ?

BARONNET. La morale.

Diderot et Mme Therbouche se regardent avec gêne.

DIDEROT *(avec mauvaise foi).* La morale... effectivement... c'est tentant.

Il prend sa décision.

DIDEROT. Baronnet, va donc faire un tour dans le parc. Je vais bâcler quelque chose. Je te rappelle.

SCÈNE 7

Diderot, Mme Therbouche

Il pose une feuille sur le dos nu de sa maîtresse et réfléchit en écrivant.

MME THERBOUCHE. Quel parti prendrez-vous ? Celui de Rousseau ou celui d'Helvétius ?

DIDEROT. Les deux me semblent faux. Rousseau estime que l'homme est naturellement bon – c'est dire qu'il n'a pas dû connaître la mère de ma femme – tandis qu'Helvétius l'estime naturellement mauvais – c'est dire qu'il n'a jamais étudié que lui-même. Il me paraît que l'homme n'est ni bon ni mauvais, mais qu'il a en lui une aspiration au bien.

MME THERBOUCHE. Une aspiration ?

DIDEROT *(léger)*. Oui, oui, ce sont de ces mots que nous avons volés aux prêtres ; ils ne veulent pas dire grand-chose mais ils produisent toujours beaucoup d'effet. *(Il se met à écrire.)* « Une force invincible nous pousse à bien agir. La morale est le désir du Bien, le désir de rejoindre et d'étreindre le Bien, comme on approche une femme voilée que l'on voudrait déshabiller lentement et qui, toute nue, montrerait enfin la vérité... »

MME THERBOUCHE. C'est moi qui vous inspire tout ça ?...

DIDEROT. Non, Platon.

MME THERBOUCHE. J'ignorais que nous étions trois.

DIDEROT. Excusez-moi, je vais sabrer cela très vite.

Il recommence à réfléchir et écrit.

MME THERBOUCHE. C'est vraiment une naïveté de mâle...

DIDEROT. Quoi donc ?

MME THERBOUCHE. De comparer la vérité à une femme nue... Toute nue, je mens autant.

DIDEROT. Ah ! Pourquoi ?

MME THERBOUCHE. Parce que je suis femme... parce que je veux plaire... Vous, les hommes, vous mentez beaucoup moins lorsque vous êtes nus.

DIDEROT. Qu'est-ce qui vous fait croire ça ?

MME THERBOUCHE. Vous, tout à l'heure : vous portiez votre pensée pavillon haut.

Elle rit. Diderot barre ce qu'il était en train d'écrire.

DIDEROT. Très bien, la Vérité et le Bien n'auront pas de sexe ! *(Furieux.)* Fichu Rousseau ! C'était bien le moment de me lâcher !

MME THERBOUCHE. Un conseil : abandonnez !

DIDEROT. Pardon ?

MME THERBOUCHE. Ne vous compromettez pas. N'écrivez pas sur la morale. Tout le monde attend de vous que vous affirmiez le règne de la liberté, que vous nous libériez de la tutelle des prêtres, des censeurs, des puissants, on attend de vous des lumières, pas des dogmes. Surtout, n'écrivez pas sur la morale.

DIDEROT. Mais si, il le faut.

MME THERBOUCHE. Non, s'il vous plaît. Au nom de la liberté.

DIDEROT. C'est que je ne sais pas si j'y crois, moi, à la liberté ! Je me demande si nous ne sommes pas simplement des automates réglés par la nature. Regardez tout à l'heure : je croyais venir ici me livrer à une séance de peinture, mais je suis un homme, vous êtes une femme, la nudité s'en est mêlée, et voilà que nos mécanismes ont eu un irrésistible besoin de se joindre.

MME THERBOUCHE. Ainsi, vous prétendez que tout serait mécanique entre nous ?

DIDEROT. En quelque sorte. Suis-je libre ? Mon orgueil répond oui mais ce que j'appelle volonté, n'est-ce pas simplement le dernier de mes désirs ? Et ce désir, d'où vient-il ? De ma machine, de la vôtre, de la situation créée par la présence trop rapprochée de nos deux machines. Je ne suis donc pas libre.

MME THERBOUCHE. C'est vrai.

DIDEROT. Donc je ne suis pas moral.

MME THERBOUCHE. C'est encore plus vrai.

DIDEROT. Car, pour être moral, il faudrait être libre, oui, il faudrait pouvoir choisir, décider de faire ceci plutôt que cela... La responsabilité suppose que l'on aurait pu faire autrement. Va-t-on reprocher à une tuile de tomber ? Va-t-on estimer l'eau coupable du verglas ? Bref, je ne peux être que moi. Et, en étant moi et seulement moi, puis-je faire autrement que moi ?

MME THERBOUCHE. Que la plupart des hommes soient ainsi, je vous l'accorde. Vous êtes persuadés de vous gouverner par le cerveau alors que c'est votre queue qui vous mène. Mais nous, les femmes, nous sommes beaucoup plus complexes, raffinées.

DIDEROT. Je parle des hommes et des femmes.

MME THERBOUCHE. Ce n'est pas possible.

DIDEROT. Mais si.

MME THERBOUCHE. Vous ne connaissez rien aux femmes.

DIDEROT. Vous êtes des animaux comme les autres. Un peu plus charmants que les autres, je vous l'accorde, mais animaux quand même.

MME THERBOUCHE. Quelle sottise ! Savez-vous seulement ce qu'une femme éprouve pendant l'amour ?

DIDEROT. Oui. Euh... non. Mais qu'importe ?

MME THERBOUCHE. Savez-vous ce qu'une femme ressent lorsqu'elle s'approche d'un homme ? *(Un temps.)* Ainsi, par exemple, moi, en ce moment, qu'est-ce que je peux sentir ? Oui, et si moi, en ce moment, je feignais...

DIDEROT. Pardon ?

MME THERBOUCHE. Si je n'avais pas de désir pour vous ? Si je mimais la tentation ? Si je tombais dans vos bras avec une tout autre intention que celle que vous imaginez ?

DIDEROT. Et laquelle, s'il vous plaît ?

MME THERBOUCHE. Hypothèse d'école, nous discutons. Supposons que je n'aie pas de désir pour vous mais que j'essaie simplement d'obtenir quelque chose de vous.

DIDEROT *(inquiet).* Et quoi donc ?

MME THERBOUCHE. Hypothèse, vous dis-je. Imaginez que je sois perverse. Il faut bien être libre pour se montrer pervers. Le vice ne serait-il pas la démonstration de notre liberté ?

DIDEROT. Non, car vous seriez une machine perverse, naturellement, physiologiquement perverse, mais une machine.

MME THERBOUCHE. Passionnant. *(Se moquant de lui.)* Et tellement judicieux.

DIDEROT *(concluant).* Bref, votre objection ne change absolument rien à ma théorie. S'il n'y a point de liberté, il n'y a point d'action qui mérite la louange ou le blâme. Il n'y a ni vice ni vertu, rien dont il faille récompenser ou punir.

MME THERBOUCHE. Bravo ! Mais alors, comment édifier une morale ? Je me demande bien ce que vous allez pouvoir écrire.

Diderot regarde sa feuille avec angoisse. Mme Therbouche s'amuse. Il se met à tourner en rond dans la pièce.

DIDEROT *(vexé).* Mais... vous allez voir... je ne suis pas novice dans la réflexion morale... j'y œuvre depuis des années...

MME THERBOUCHE. Ah oui, qu'avez-vous fait jusqu'à présent pour la morale ?

DIDEROT *(sans vergogne).* Mais... j'ai offert mon exemple.

On frappe fortement à la porte.

SCÈNE 8

Voix de Mme Diderot, Mme Therbouche, Diderot

VOIX DE MME DIDEROT. C'est moi !

DIDEROT. Pardon ?

VOIX DE MME DIDEROT. Ouvre ! C'est moi !

DIDEROT *(surpris et inquiet).* Ma femme ! Il n'y a qu'une personne qui peut dire « c'est moi » de manière aussi convaincue, c'est ma femme !

MME THERBOUCHE *(rassemblant ses affaires).* Je disparais à côté. *(Elle désigne l'anti-chambre.)*

DIDEROT. Vous croyez ?

MME THERBOUCHE. C'est plus simple. Je vous préviens : faites en sorte que cela ne dure pas trop longtemps, sinon j'éternue. *(Elle n'arrive pas à ouvrir la porte.)* C'est fermé !

Diderot sort une clé de sa poche et ouvre.

DIDEROT. Je suis désolé de vous faire vivre ça.

MME THERBOUCHE. Du tout, je suis ravie : j'ai vraiment l'impression de déranger !

Elle disparaît dans l'antichambre. Diderot donne un tour de clé puis la remet dans sa poche.

Il va pour ouvrir à sa femme mais rebrousse chemin pour aller couvrir la toile sur le chevalet avec une bâche. Enfin il ouvre.

SCÈNE 9

Mme Diderot, Diderot

Mme Diderot, femme d'une quarantaine d'années, vive, ronde, allure populaire, entre rapidement dans la pièce.

MME DIDEROT. Tu n'étais pas seul, naturellement ?

DIDEROT. Mais si !

MME DIDEROT. Dans cette tenue ?

DIDEROT. Justement. Est-ce que c'est une tenue pour recevoir ?

Mme Diderot s'assoit et marque un temps

MME DIDEROT. Je suis fatiguée.

DIDEROT. Ah ?

MME DIDEROT. Oui. J'en ai assez d'être la femme la plus trompée de Paris.

DIDEROT *(sincèrement étonné).* Que se passe-t-il ?

MME DIDEROT. Je viens de te le dire. Je ne supporte plus que tu couches avec tout ce qui porte un jupon.

DIDEROT *(de bonne foi).* Oui, mais enfin, pourquoi spécialement aujourd'hui ? Cela fait des années que ça dure...

MME DIDEROT. Ah, je ne sais pas, c'est comme ça ! Ce matin, je me suis levée et je me suis dit : ça suffit, j'en ai assez de porter des cornes.

DIDEROT *(simplement).* Mais Antoinette... c'est un peu tard.

MME DIDEROT. Comment ?

DIDEROT. Eh bien, oui, cela va faire vingt ans que je vagabonde et tu arrives là, tout à trac, et tu nous ponds un fromage.

MME DIDEROT. Quoi ! Tu ne t'arrêteras donc jamais ?

DIDEROT. Je ne crois pas.

MME DIDEROT. Mais quel culot ! Et il n'a même pas honte !

DIDEROT. Non.

MME DIDEROT. Tu me méprises à ce point ?

DIDEROT *(sincère)*. Ah, pas du tout ! Tu es une bonne femme, sincère, honnête, exquise. Jamais passion ne fut plus justifiée par la raison que la mienne. N'est-il pas vrai que tu es bien aimable ? Regarde au-dedans de toi-même, vois combien tu es digne d'être aimée, et connais combien je t'aime. Je n'ai jamais eu lieu de regretter notre union.

MME DIDEROT. Notre union... il appelle cela notre union... pour toi, ce doit être un vague souvenir perdu au milieu de tant d'autres...

DIDEROT. Pas du tout. Je ne te confonds avec personne. *(S'approchant, câlin.)* Peux-tu me reprocher de ne plus te toucher ?

MME DIDEROT *(rougissante).* Non... il est vrai que... sur ce point, je suis sans doute plus heureuse que beaucoup de femmes de mon âge et... *(en colère)*... seulement, je ne peux pas m'empêcher d'imaginer que, lorsque nous faisons la chose, tu penses à d'autres femmes.

DIDEROT. Jamais !

MME DIDEROT. Vrai ?

DIDEROT. Jamais ! Si je ne te trompais pas, sans doute je penserais à celles que je n'ai pas eues en te prenant dans mes bras. Mais comme je ne te rejoins qu'après les avoir eues, je ne reviens pas en mari frustré, c'est bien toi que j'embrasse et que j'étreins.

MME DIDEROT *(à moitié convaincue).* Tu t'en tireras toujours, hein ? *(Un temps.)* Remarque que c'est pour cela que tu m'avais plu, il n'y avait pas plus beau parleur, on t'appelait « Bouche d'or ». *(Un temps.)* C'est vrai, pour une femme, ce n'est pas très important le physique d'un homme.

DIDEROT. Je te remercie !

MME DIDEROT. Enfin, toujours est-il que, ce matin, je m'estimais beaucoup plus cocue que la normale et que j'ai décidé qu'il fallait que cela cesse. Puisque tu m'aimes encore un peu...

DIDEROT. ...beaucoup...

MME DIDEROT. ...tu vas me promettre de t'arrêter.

DIDEROT. Non. M'arrêter serait contre nature.

MME DIDEROT. Un peu de chasteté, c'est comme un jeûne, ça ne peut faire que du bien à la santé.

DIDEROT. Du tout. Je raie la chasteté du catalogue des vertus. Enfin, conviens qu'il n'y a rien de si puéril, de si ridicule, de si absurde, de si nuisible, de si méprisable que de retenir en soi tous ces liquides, non ? Ils montent à la tête. On devient fou.

MME DIDEROT. Et les bonnes sœurs ? Et les moines ?

DIDEROT. J'espère bien qu'ils pratiquent les actions solitaires.

MME DIDEROT. Oh !

DIDEROT. Pourquoi s'interdiraient-ils un instant nécessaire et délicieux ? C'est une saignée, en plus agréable.

MME DIDEROT. Oh !

DIDEROT. Qu'importent la nature de l'humeur surabondante et la manière de s'en délivrer. Si, repompée de ses réservoirs, distribuée dans toute la machine, elle s'évacue par le cerveau, une autre voie plus longue, plus pénible et dangereuse, en sera-t-elle moins perdue ? La nature ne souffre rien d'inutile ; et comment les moines seraient-ils coupables de l'aider lorsqu'elle appelle à son secours par les symptômes les moins équivoques ? Ne la provoquons jamais mais prêtons-lui la main à l'occasion.

MME DIDEROT. Tu fais ce que tu veux mais je ne veux plus que tu me trompes autant. Nous sommes mariés ! L'oublies-tu ?

DIDEROT. Le mariage n'est qu'une monstruosité dans l'ordre de la nature.

MME DIDEROT. Oh !

DIDEROT. Le mariage se prétend un engagement indissoluble. Or l'homme sage frémit à l'idée d'un seul engagement indissoluble. Rien ne me paraît plus insensé qu'un précepte qui interdit le changement qui est en nous. Ah, je les vois les jeunes mariés qu'on conduit devant l'autel : j'ai l'impression de contempler une couple de bœufs que l'on conduit à l'abattoir ! Pauvres enfants !

On va leur faire promettre une fidélité qui borne la plus capricieuse des jouissances à un même individu, leur faire promettre de tuer leur désir en l'étranglant dans les chaînes de la fidélité !

MME DIDEROT. Je ne t'écoute plus.

DIDEROT. Ah, les promesses d'amour ! Je le revois, le premier serment que se firent deux êtres de chair, devant un torrent qui s'écoule, sous un ciel qui change, au bas d'une roche qui tombe en poudre, au pied d'un arbre qui se gerce, sur une pierre qui s'émousse. Tout passait en eux et autour d'eux et ils se faisaient des promesses éternelles, ils croyaient leurs cœurs affranchis des vicissitudes. Ô enfants, toujours enfants...

MME DIDEROT. Que c'est laid, ce que tu dis !

DIDEROT. Les désirs me traversent, les femmes me croisent, je ne suis qu'un carrefour de forces qui me dépassent et qui me constituent.

MME DIDEROT. De bien belles phrases pour dire que tu es un cochon !

DIDEROT. Je suis ce que je suis. Pas autre. Tout ce qui est ne peut être ni contre nature, ni hors de nature.

MME DIDEROT. On te traite partout de libertin.

DIDEROT. Le libertinage est la faculté de dissocier le sexe et l'amour, le couple et l'accouplement, bref, le libertinage relève simplement du sens de la nuance et de l'exactitude.

MME DIDEROT. Tu n'as pas de morale !

DIDEROT. Mais si ! Seulement, je tiens que la morale n'est rien d'autre que l'art d'être heureux. *(Il bondit au bureau.)* Tiens, regarde, c'est d'ailleurs ce que j'étais en train d'écrire pour l'article « Morale » de l'*Encyclopédie. (Et tout en parlant, il se met à écrire spontanément ce qu'il dit à son épouse.)* « Chacun cherche son bonheur. Il n'y a qu'une seule passion, celle d'être heureux ; il n'y a qu'un devoir, celui d'être heureux. La morale est la science qui fait découler les devoirs et les lois justes de l'idée du vrai bonheur. »

MME DIDEROT. Oui, mais enfin, monsieur le penseur, ce qui te rend heureux ne me rend pas toujours heureuse, moi !

DIDEROT. Comment peux-tu croire que le même bonheur est fait pour tous ! *(Il écrit.)* « La plupart des traités de morale ne sont d'ailleurs que l'histoire du bonheur de ceux qui les ont écrits. » *(Il gratte le papier avec volupté.)*

MME DIDEROT *(avec une moue interrogative).* C'est à toi qu'on a confié l'article « Morale » dans l'*Encyclopédie* ? Pourquoi pas l'article « Bœuf mironton » ou bien « Blanquette de veau » ?

DIDEROT. Quel rapport ?

MME DIDEROT. Tu ne sais pas faire la cuisine.

Il lui jette un regard de fureur.

MME DIDEROT *(se levant).* Bon, j'ai compris, chacun à sa place, je retourne à la maison.

DIDEROT. Tu parles comme une femme, tu me pèses, tu m'alourdis. Tu ne rêves que de m'enfermer dans une prison.

MME DIDEROT. Moi ?

DIDEROT. Qui, des femmes ou des hommes, désire le foyer, le couple, l'enfant ? Qui préfère l'amour à la passion ? Le sentiment au sexe ? Qui veut la sécurité ? Qui veut fixer le temps, arrêter les choses ? Ah, pour cela, les femmes et les prêtres se tiennent par la main. Elles veulent fabriquer des statues avec les vivants, elles préfèrent le marbre à la chair, elles construisent des cimetières. L'homme voudrait rester un loup sans collier, le cou libre ; la femme en fait un chien garrotté, entravé. La femme est naturellement réactionnaire.

MME DIDEROT. Tu me fais la tête comme une bouilloire avec tes phrases. Je me connais : si je reste, dans deux minutes je vais penser que tu as raison, et dans un quart d'heure je serai même capable de te demander pardon. C'est comme ça que tu m'as toujours embrouillée.

DIDEROT. Je ne t'embrouille pas. Je t'explique les choses philosophiquement.

MME DIDEROT. Philosophiquement, c'est ça ! Moi, j'ai l'impression que tu n'as inventé la philosophie que pour trouver des excuses à toutes tes fautes, voilà ce que je pense.

DIDEROT *(riant).* Ma bonne femme, je t'adore.

MME DIDEROT. Tu peux ! Va, trouves-en une autre qui sera plus coulante avec toi ! Ma mère me l'avait dit : « Celui-ci, avec ses yeux de brave gars, il va te rouler dans la farine, ma pauvre Nanette. » Et je l'ai épousé !

DIDEROT. Qu'aurais-tu vécu si tu avais écouté ta mère ? *(Un temps.)* La même vie qu'elle ?

Mme Diderot le regarde. Un temps. Elle sourit et avoue tendrement :

MME DIDEROT. Je me serais bien ennuyée.

DIDEROT. Moi aussi.

MME DIDEROT. Vrai ?

DIDEROT. Vrai.

Ils s'embrassent, comme deux vieux enfants.
A ce moment, on entend un bruit d'effondrement dans l'antichambre.

MME DIDEROT. Il y a quelqu'un à côté !

DIDEROT. Mais non.

MME DIDEROT. Tu me prends pour une idiote ? Il y a quelqu'un.

DIDEROT. Je t'assure qu'il n'y a personne.

Elle se dirige vers la porte et tente de l'ouvrir.

MME DIDEROT. Qui est là ? Qui est là ? Sortez ! *(Elle revient sur Diderot.)* Je veux savoir qui c'est !

DIDEROT. Il est brun, très poilu, avec de la moustache, et il s'appelle Albert.

MME DIDEROT. Quoi ?

DIDEROT. C'est le chat du baron.

MME DIDEROT. Un chat ! Tu as déjà entendu un chat faire un vacarme pareil ? C'est une de tes maîtresses.

DIDEROT *(lui tend la clé).* Eh bien, tiens, va regarder, au lieu d'avoir tes nerfs. Tiens.

Elle regarde la clé en hésitant. Il insiste d'un geste.

MME DIDEROT. Je vais encore avoir l'air ridicule.

DIDEROT. S'il y a quelqu'un ou s'il n'y a personne ?

MME DIDEROT. Les deux. *(Un temps.)* Tu ne me diras rien ?

DIDEROT. Le doute est cent fois plus délectable que la vérité.

MME DIDEROT. Mmmm ?... c'est un aveu, ça !

DIDEROT *(tendant la clé).* Va voir.

Elle hésite encore un instant puis se résout à ne pas ouvrir. Elle va vers la sortie qui donne sur le parc.

MME DIDEROT. J'abandonne. Ce n'est pas en battant l'eau qu'on fait de la glace. *(Sur le seuil, elle se retourne et sourit.)* Naturellement, tu crois que, moi, je te suis fidèle ?

DIDEROT. Je ne sais pas. *(Inquiet.)* Oui, je le crois. *(Un temps.)* Non ?

MME DIDEROT. Ah ! Qui sait ?

Et elle sort. Elle laisse Diderot pensif. Il la rappelle.

DIDEROT. Non, ne pars pas. Qu'est-ce que tu veux dire ?

MME DIDEROT. Mais rien.

DIDEROT. Tu m'as trompé ?

MME DIDEROT. Les hommes sont obligés de raisonner pour justifier leur tempérament alors que les femmes le suivent. *(Elle sourit.)* Qui sait ?

DIDEROT. Mais... mais ne pars pas comme ça... reviens !

MME DIDEROT. Comment disais-tu, à l'instant ? Le doute est cent fois plus délectable que la vérité. *(Elle sort puis réapparaît, très amusée.)* Oh oui, cent fois... au moins...

Elle s'en va définitivement, laissant son époux perplexe. Immédiatement, Mme Therbouche se met à tambouriner à la porte.

SCÈNE 10

Mme Therbouche, Diderot

Diderot, préoccupé, obéit néanmoins aux appels de Mme Therbouche. Elle sort de l'alcôve et pousse un petit sifflement admiratif.

MME THERBOUCHE. Étourdissant. Quelle virtuosité !

DIDEROT *(contrarié).* A votre avis, qu'a-t-elle voulu dire en partant ? Croyez-vous qu'elle ait eu des amants ?

MME THERBOUCHE. Quelle importance ? Vu votre théorie du mariage, vous lui avez déjà pardonné.

DIDEROT. Oui, mais enfin j'aimerais bien savoir...

MME THERBOUCHE. Oui ?

DIDEROT *(furieux, se rendant compte du ridicule).* Rien !

MME THERBOUCHE. C'est une vraie femme... elle vous a laissé avec le souci d'elle... *(Un temps.)* D'où viennent ces magnifiques tableaux entreposés dans cette antichambre ?

DIDEROT. Ah, vous ne saviez pas ? Je suis l'acheteur de Catherine de Russie.

MME THERBOUCHE *(jouant l'étonnement).* La tsarine !

DIDEROT. Oui. Elle a aimé les comptes rendus que j'ai faits des derniers Salons. Aussi m'a-t-elle mandaté pour fournir Saint-Pétersbourg en peinture française. Le baron d'Holbach m'a autorisé à les garder ici, son château étant plus sûr que mon appartement.

MME THERBOUCHE. Cela représente d'énormes sommes d'argent ! Au moins cent mille louis !

DIDEROT *(étonné).* Oui... exactement cent mille louis. *(Soudain inquiet.)* Mais chut !

MME THERBOUCHE *(complice).* Chut ! *(Un temps.)* C'est pour cela que vous fermez l'antichambre à clé ?

DIDEROT. Oui, mais chut !

MME THERBOUCHE. Chut ! *(Elle sourit mystérieusement.)* Finissez votre article, que nous soyons tranquilles.

Diderot va donner un tour de clé puis reprend son papier.

DIDEROT. Bon, qu'est-ce que j'écrivais ? « La morale est la science qui fait découler les devoirs et les lois justes de l'idée du vrai bonheur. » *(Pour lui.)* Rousseau et Helvétius ont tort, je ne crois pas que l'homme soit naturellement bon ni mauvais ; ce n'est pas son souci, il recherche tout simplement ce qui lui fait plaisir.

MME THERBOUCHE. Je suis d'accord avec vous. Je ne cours pas après le Bien, mais après ce qui est bon pour moi.

DIDEROT. Nous ne sommes pas libres. Nous ne faisons jamais que ce à quoi nous poussent nos inclinations. *(Il la regarde avec un sourire carnassier.)* Ouille... que mes inclinations me poussent...

MME THERBOUCHE *(même sourire)*. Et les miennes, donc...

Ils se caressent, attirés l'un par l'autre, tandis que Diderot continue d'écrire.

MME THERBOUCHE. Dites-moi, j'écoutais ce que vous disiez à votre épouse lorsque vous parliez des humeurs et des liquides qu'il fallait évacuer... c'est bien cela ?

DIDEROT. C'est cela. L'homme est comme une pompe qu'il faut régulièrement vidanger.

MME THERBOUCHE. Comme c'est joliment formulé ! *(Songeuse.)* Je me disais que c'était peut-être justement cela, votre infirmité, à vous, les hommes.

DIDEROT *(cessant d'écrire).* Nous ?

MME THERBOUCHE. Vous n'assouvissez pas vos désirs, vous vous en délivrez. La faiblesse de l'homme vient de ce qu'il éjacule. Nous, femmes, nous faisons preuve d'une vitalité sans fin, nous n'avons rien à perdre dans l'amour, nous sommes... inépuisables.

DIDEROT *(conquis).* Comme vous savez promettre...

MME THERBOUCHE. Vous autres, hommes, vous ne serez toujours que des débauchés, jamais des voluptueux.

DIDEROT *(l'embrassant).* Quelle différence ?

MME THERBOUCHE. Le débauché décharge et recommence. Le voluptueux a de l'intérêt pour ce qui précède, ce qui suit, tout ce qui existe. *(Elle éclate de rire.)* C'est si bête, les hommes, parce que cela croit que tout a une issue, la vie comme le désir...

DIDEROT. Vous vous laissez abuser par ce que notre jouissance peut avoir de spectaculaire. Croyez-moi, elle ne se limite pas à ce crachat de gargouille. Il y a l'avant, l'après ; je suis un débauché très voluptueux...

MME THERBOUCHE. Que vous dites...

DIDEROT. Mais je ne demande qu'à faire des progrès... je ne crois qu'au progrès. *(Il l'embrasse.)* Alors dites-moi : que ressent une femme pendant l'amour ?

MME THERBOUCHE. Venez voir...

DIDEROT. Et qui a le plus de plaisir ?

On frappe à la porte du couloir.

DIDEROT *(agacé).* Non !

On refrappe, légèrement cette fois-ci.

DIDEROT. J'ai dit non !

On refrappe.

DIDEROT *(à Mme Therbouche, avec un soupir).* M'excuserez-vous ?

MME THERBOUCHE. Je languis.

DIDEROT. S'il vous plaît ?

MME THERBOUCHE *(avec un soupir).* Bon... je retourne voir la collection de la tsarine.

Diderot ouvre la porte de l'antichambre.

DIDEROT. Merci. Je règle tout au plus vite.

Il donne un tour de clé mais laisse celle-ci dans la serrure.

DIDEROT. Entrez.

SCÈNE 11

La jeune d'Holbach, Diderot

La fille du baron d'Holbach, une ravissante jeune femme d'une vingtaine d'années, pénètre dans la pièce.

LA JEUNE D'HOLBACH. Monsieur Diderot ?

DIDEROT *(jouant les surpris, laisse tomber sa plume).* Oh, mademoiselle d'Holbach ! Je vous croyais partie en promenade avec toute la compagnie.

LA JEUNE D'HOLBACH. Après les orgies de bouche qu'ils firent tantôt, ils dorment déjà au bord de l'eau. Et puis certaines compagnies ont si peu d'attraits...

DIDEROT. Et votre père ?

LA JEUNE D'HOLBACH. A Chennevières.

DIDEROT. Angélique n'est pas avec vous ?

LA JEUNE D'HOLBACH. Non, votre fille nous rejoindra plus tard dans l'après-midi. *(Un temps. Elle regarde le chevalet.)* Je pensais vous trouver avec Mme Therbouche.

DIDEROT *(la poussant vers la sortie).* Je lui dirai que vous êtes passée, si je la vois. A bientôt.

Elle se dégage légèrement, revenant dans la pièce.

LA JEUNE D'HOLBACH. Vous travaillez ?

DIDEROT *(légèrement agacé).* Je travaillais.

LA JEUNE D'HOLBACH *(sans saisir l'allusion, montrant l'amoncellement de feuilles).* Je ne pourrais jamais me repérer au milieu de tant de feuillets.

DIDEROT. Mais je ne m'y repère pas non plus. J'écris sans ordre, sans plan, à la diable ; comme ça, je suis sûr de ne pas manquer une idée ; j'ai horreur de la méthode. *(Un temps.)* Vous aviez quelque chose à me dire ?

LA JEUNE D'HOLBACH *(hésitante).* Non... Si... Une question.

DIDEROT *(expéditif).* Je vous écoute.

LA JEUNE D'HOLBACH. Pourriez-vous me dire pourquoi les hommes font la cour aux femmes et non les femmes la cour aux hommes ?

DIDEROT. Pourquoi ne posez-vous pas la question à monsieur votre père ?

LA JEUNE D'HOLBACH. Parce que je sais ce qu'il en dirait.

DIDEROT. Et qu'en dirait-il ?

LA JEUNE D'HOLBACH. Le contraire de ce qu'il en penserait. Les pères mentent toujours pour assurer l'honnêteté de leurs filles. Vous, dites-moi : pourquoi sont-ce les hommes qui ont l'initiative de l'amour ?

DIDEROT *(jetant un coup d'œil en arrière vers l'antichambre, et faisant écho aux paroles précédentes de Mme Therbouche).* Parce qu'il est naturel de demander à celle qui peut toujours accorder.

Et il fait mine de se replonger dans son étude. Mais la jeune d'Holbach ne l'entend pas de cette façon.

LA JEUNE D'HOLBACH. Je voudrais vous soumettre un cas.

DIDEROT *(très agacé).* Oui.

LA JEUNE D'HOLBACH. Il s'agit d'une jeune fille de vingt, vingt-trois ans, qui a de l'esprit, du courage, de l'expérience, de la santé, plutôt de la physionomie que de la beauté, une fortune honnête, et qui ne veut pas se marier car elle connaît tout le malheur d'un mauvais mariage, et toute la probabilité en se mariant d'être malheureuse. Mais elle veut absolument avoir un enfant, parce qu'elle sent qu'il est doux d'être mère et qu'elle présume assez d'elle pour faire une excellente éducatrice, surtout si elle avait une fille à élever.

Diderot se retourne, intéressé.

LA JEUNE D'HOLBACH. Elle est maîtresse d'elle-même. Elle a jeté les yeux sur un homme de quarante ans qu'elle a longtemps étudié et en qui elle trouve la figure qui lui convient, ainsi que, à un degré surprenant, les qualités du cœur et de l'esprit.

Elle se tait.
Diderot s'attend qu'elle continue mais elle reste silencieuse, ferrant son poisson. Il la presse.

DIDEROT. Eh bien ?

LA JEUNE D'HOLBACH. Voici le discours qu'elle lui a tenu : « Monsieur, il n'y a personne au monde que j'estime autant que vous ; mais je n'ai point d'amour et je n'en aurai jamais, et je n'en exige point. Et si vous en preniez, il y a mille à parier contre un que je n'y répondrais pas : ce dont il s'agit, c'est d'avoir un enfant. »

Diderot reçoit le choc de cette déclaration.

LA JEUNE D'HOLBACH. « Voyez, monsieur, a-t-elle continué, si vous voulez me rendre service. Je ne vous dissimulerai pas que votre refus me causerait le plus grand chagrin. »

Diderot se lève pour s'approcher d'elle, confus. Mais elle le retient de plus avancer en continuant sa déclaration.

LA JEUNE D'HOLBACH. « Je n'ignore pas que vous êtes marié. *(Diderot marque le coup.)* Peut-être même votre cœur est-il de plus engagé dans une passion à laquelle je ne voudrais pas, pour toute chose au monde, que vous manquassiez. *(Diderot se renfrogne.)* Il y a plus : si vous étiez capable de tout abandonner, peut-être ne seriez-vous plus digne d'être le père de l'enfant dont je veux être la mère. *(Diderot se rassoit. La jeune d'Holbach devient alors plus pressante.)* Je ne demande rien de vous qu'un atome de vie. Consultez-vous vous-même. Je ne cacherai point ma grossesse, cela est décidé. Si vous voulez qu'on ignore l'obligation que je vous en aurai, on l'ignorera, je me tairai. »

Un temps. Ils se regardent intensément. Le silence est difficile à briser.

DIDEROT. Que répondit-il ?

LA JEUNE D'HOLBACH. Qui ?

DIDEROT. L'homme à qui la question fut adressée ?

LA JEUNE D'HOLBACH. Par de nouvelles questions.

DIDEROT. La jeune fille était peut-être beaucoup plus jolie qu'elle ne le croyait elle-même.

LA JEUNE D'HOLBACH *(charmeuse)*. Et elle ne se rendait sans doute pas compte à quel point la frivolité pouvait peut-être aider sa cause...

DIDEROT. Peut-être.

Ils s'approchent l'un de l'autre. Diderot a un certain mal à respirer tant il est attiré par la jeune d'Holbach. Mais, subitement, il voit le visage de Mme Therbouche apparaître dans l'œil-de-bœuf, au-dessus de la porte de l'antichambre. Il a un sursaut et parvient à se contrôler.

DIDEROT. Donnez donc un conseil à votre amie.

LA JEUNE D'HOLBACH. Oui.

DIDEROT. De ne jamais pousser un homme. Il ne fait rien de ce qu'on lui montre.

Il s'éloigne d'elle victorieusement.

LA JEUNE D'HOLBACH. Quel orgueil !

DIDEROT. Les commencements doivent être fort ambigus. Il faut que l'homme ait continuellement l'impression d'être à l'origine de ce qui lui advient.

LA JEUNE D'HOLBACH *(irrésistiblement soumise)*. Il l'est, croyez bien qu'il l'est. Puisqu'il peut tout.

Elle se colle presque contre lui. Un temps. Diderot jette un regard à l'œil-de-bœuf et constate que Mme Therbouche ne les observe plus. Il a de plus en plus de mal à résister à la jeune fille.

DIDEROT *(chuchotant)*. Ils dorment, dites-vous ? Votre frère, votre mère, Grimm et tous les autres ?

LA JEUNE D'HOLBACH. Comme des veaux.

DIDEROT. Peut-être pourrions-nous examiner la question...

LA JEUNE D'HOLBACH. ...de près...

DIDEROT. ...en discuter...

LA JEUNE D'HOLBACH. ...en examiner les détails.

DIDEROT. ...en soupeser les difficultés...

LA JEUNE D'HOLBACH. ...et finalement en coucher toutes les raisons sur le papier.

DIDEROT. Pourquoi écrire ?

LA JEUNE D'HOLBACH. Mon amie en a besoin. Elle veut avoir un avis notifié selon lequel son ventre lui appartient, ainsi que les produits dérivés.

DIDEROT. Pourquoi se montrer si formaliste ?

La jeune d'Holbach lui tend un papier avec un beau sourire.

LA JEUNE D'HOLBACH. J'y tiens...

Il saisit le papier et griffonne à la hâte.

DIDEROT. « Je conseille à cette jeune fille d'écouter la voix de son cœur car la nature parle toujours juste. » Là ! Êtes-vous contente ?

La jeune d'Holbach saisit le papier et crie soudain.

LA JEUNE D'HOLBACH. Angélique ! Angélique !

SCÈNE 12

Angélique, la jeune d'Holbach, Diderot

Angélique Diderot entre en courant et se jette dans les bras de son père.

ANGÉLIQUE. Oh, Papa ! Papa ! Je suis si contente !

Il la reçoit dans ses bras sans bien comprendre.

DIDEROT. Angélique ! Qu'est-ce que tu fais là ? Je croyais que tu ne devais venir que plus tard.

Angélique sort des bras de son père pour aller embrasser la jeune d'Holbach sur les joues.

ANGÉLIQUE. Quelle bonne amie tu fais ! Je te le revaudrai, tu sais, dix fois, cent fois ! Je t'aiderai quand tu veux !

DIDEROT. Mais qu'est-ce que vous racontez toutes les deux ?

ANGÉLIQUE *(à son père)*. Je dois t'avouer que je n'osais pas te poser la question moi-même. *(Elle relit le papier gribouillé par son père et soupire, heureuse.)* Papa, je suis amoureuse du chevalier Danceny.

DIDEROT. Le petit Danceny ? Mais il n'a que neuf ans et demi !

ANGÉLIQUE *(riant)*. Mais non, pas le fils du chevalier, le chevalier lui-même. Ton ami.

DIDEROT *(bondissant)*. Le chevalier ? Mais il a mon â... Nom de Dieu !

ANGÉLIQUE. L'autre jour, lorsque je l'ai vu rentrer de la chasse, en nage, avec ses bottes crottées, dans la cour de Grandval, je n'ai pas pu en douter une seule seconde : « C'est lui, c'est lui le père de mon enfant. »

DIDEROT. Tu ne vas pas me dire que tu es enceinte ?

ANGÉLIQUE. C'est lui, le père de l'enfant que je voudrais avoir. Il est l'homme dont je veux la semence.

DIDEROT *(abasourdi)*. La semence... Et moi qui croyais que les jeunes filles rêvaient d'histoires d'amour...

ANGÉLIQUE. Tu comprends, je ne veux pas déranger le chevalier Danceny, lui faire quitter sa femme, il a une vie très bien organisée, je le respecte trop. Je voudrais simplement qu'il couche avec moi quelques fois, enfin autant de fois nécessaires pour que la chose se fasse.

DIDEROT. Ma petite Angélique, qu'est-ce qui te fait penser qu'il doit être le père de ton premier enfant ?

ANGÉLIQUE. Mes voix.

DIDEROT. Pardon ?

ANGÉLIQUE. Mes voix. Lorsque je le regarde, des voix en moi me disent que c'est lui.

DIDEROT *(furieux)*. Des voix ! Un peu comme Jeanne d'Arc dans un autre style ?

ANGÉLIQUE *(simplement)*. Voilà.

Diderot se lève, proche d'exploser. Il tente cependant de se contrôler et, apercevant la jeune d'Holbach, passe sa colère sur elle.

DIDEROT. Qu'est-ce que vous faites là, vous ? Vous ne pouvez pas nous laisser, non ?

LA JEUNE D'HOLBACH. Cette discussion me passionne. J'apprends ! J'apprends !

DIDEROT. Vous n'en avez pas appris assez, déjà ?

LA JEUNE D'HOLBACH. Selon moi, le meilleur est encore à venir.

DIDEROT. Levez-moi le camp !

ANGÉLIQUE. S'il te plaît, laisse-moi seule avec lui.

LA JEUNE D'HOLBACH. Tu as de la chance, ton père est beaucoup plus amusant que le mien.

Elle sort.

SCÈNE 13

Angélique, Diderot

DIDEROT. Ma petite Angélique, je crois que nous ne sommes pas d'accord.

ANGÉLIQUE *(tranquillement)*. Tu te trompes. Nous sommes parfaitement d'accord.

DIDEROT. Ah oui ?

ANGÉLIQUE. Tout à fait. Je ne fais que respecter tout ce que je t'ai toujours entendu dire. Notre seule tâche est d'être heureux sans nuire aux autres ? Eh bien, je serai heureuse d'avoir un enfant de Danceny mais je ne veux pas troubler son existence.

DIDEROT *(lentement)*. Angélique, tu dois te marier d'abord.

ANGÉLIQUE. Avec Danceny ?

DIDEROT. Non, tu dois te marier avec l'homme qui deviendra le père de tes enfants.

ANGÉLIQUE. Mais puisque Danceny est déjà marié !

DIDEROT *(explosant de colère).* Fous-moi la paix avec Danceny, je ne veux pas que tu ailles coucher avec cet abruti qui n'aime que le cheval et qui n'a jamais su lire une ligne de philosophie sans bâiller !

ANGÉLIQUE. Je croyais qu'il était ton ami.

DIDEROT. Il est peut-être mon ami mais il ne sera sûrement pas l'amant de ma fille et encore moins le père de mon petit-fils ! Je n'ai pas du tout envie de faire sauter un petit Danceny sur mes genoux.

ANGÉLIQUE. Eh bien, moi, j'ai envie et cela suffit !

Elle se lève, décidée, et va pour sortir. Il la rattrape. Elle se dégage gentiment et fait face à son père avec une vraie fermeté de caractère.

ANGÉLIQUE. C'est trop tard, Papa, tu ne peux pas te déjuger. Tu m'as toujours appris que je conduirais ma vie comme je l'entends. J'aurais aimé que nous soyons d'accord mais, si nous ne nous entendons pas, tant pis, je suis libre, le pli est pris.

DIDEROT. Angélique qu'est-ce que tu racontes, pourquoi ne veux-tu pas attendre de tomber amoureuse d'un homme de ton âge, et l'épouser ? Tu es si jeune.

ANGÉLIQUE. Papa, tu n'es pas sérieux ? Je t'ai toujours entendu critiquer le mariage.

DIDEROT. Je veux que tu te maries. A partir de l'instant où tu désires des enfants, tu dois te marier. Le... le... mariage est nécessaire à l'espèce humaine !

ANGÉLIQUE *(incrédule)*. Tu te moques ?

DIDEROT. Absolument pas. Si tu dois fonder une famille, je veux que tu te maries.

ANGÉLIQUE *(se moquant)*. A un homme ?

DIDEROT. De préférence.

ANGÉLIQUE *(même attitude)*. Un seul ?

DIDEROT *(exaspéré)*. Tu ne vas pas épouser un régiment *(Se prenant le front.)* Mais qu'a-t-elle dans la tête, mon Dieu, qu'a-t-elle donc dans la tête ! Quelle éducation as-tu reçue ?

ANGÉLIQUE *(amusée)*. Tu le sais mieux que moi. *(Un temps, sérieuse.)* Je ne comprends rien de ce que tu me dis.

DIDEROT. Angélique, figure-toi que notre conversation tombe bien, j'étais justement en train d'écrire l'article « Morale » de l'*Encyclopédie*. Et précisément, dans cet article, je traitais notre sujet de discussion. *(Il saisit le papier et barre tout ce qu'il y avait mis.)* Je parlais de l'union des êtres.

Elle le regarde, attendant de savoir où il veut en venir. Il se met à écrire en lui parlant.

DIDEROT. Du point de vue de l'individu, il est certain que le mariage n'est qu'un serment inutile...

ANGÉLIQUE. ...et contre nature !

DIDEROT *(bougonnant)*. ...et contre nature, si tu veux... enfin, il ne faut rien exagérer... *(Se reprenant, professoral.)* Mais « du point de vue de la société, le mariage demeure une institution nécessaire. Mari et femme n'ont pas d'obligation de fidélité l'un en face de l'autre, mais ils en ont vis-à-vis des enfants, et la présence des enfants leur interdit de se quitter ».

On entend du bruit dans l'antichambre.

ANGÉLIQUE. Qu'est-ce que c'est ?

DIDEROT. Le chat. *(Il reprend.)* « ...la présence des enfants interdit aux parents de se quitter. »

ANGÉLIQUE. Toi, tu écris ça ? Toi ?

DIDEROT *(cinglant)*. Est-ce que j'ai quitté ta mère ?

ANGÉLIQUE. J'espère que tu n'es pas resté avec Maman pour moi. Si c'est le cas, tu aurais pu t'en dispenser.

DIDEROT. Je n'ai jamais songé à partir, d'abord parce que j'aime beaucoup ta mère, ensuite et surtout, par devoir ! Oui, par devoir ! Parce que tu es là. Le mariage est la garantie juridique de l'avenir des enfants. Et je ne serais qu'un petit gueux si je quittais la mère de mon enfant.

ANGÉLIQUE. Oh !

DIDEROT *(péremptoire)*. L'existence d'un enfant suffit à rendre sacrée et justifiée l'indissolubilité du mariage. Mari et femme sont condamnés l'un à l'autre s'ils sont père et mère.

ANGÉLIQUE. Je comprends bien... *(Réfléchissant et trouvant à répondre.)* Mais, par ailleurs, tu m'as toujours appris que les femmes étaient aussi libres que les hommes et qu'elles avaient le droit de disposer de leur corps à leur volonté. Eh bien moi, si je veux que mon ventre porte un enfant, je n'ai pas...

DIDEROT. Il faut que cet enfant ait un père, un père qui l'élève, l'éduque, lui apprenne tout ce qu'il sait.

ANGÉLIQUE. Danceny ? Lui apprendre quoi ? Tu m'as toi-même dit qu'il était bête. Non, j'ai choisi Danceny parce qu'il est décoratif mais, moi, je m'occuperai très bien de mon enfant, et si moi, au bout de quelques années, je m'aperçois que...

DIDEROT. « Moi, moi, moi... » Qu'est-ce que j'entends ? L'ordre du monde doit-il s'effacer pour toi ? Les lois qui font pousser les hommes et les femmes devraient-elles s'abolir devant toi ? « Moi » !... Ton « moi » te fait loucher, tu ne vois plus rien d'autre. Un enfant a besoin de ses deux parents, d'une éducation mâle comme d'une éducation femelle.

ANGÉLIQUE. Eh bien, il recevra l'éducation de son grand-père. Voilà pour les mâles !

DIDEROT. Mais je ne veux pas de ce petit-fils-là !

ANGÉLIQUE. Tu seras son père. Je te connais : tu céderas à son premier sourire.

DIDEROT *(paniqué)*. Mais je n'ai jamais eu de fils !

ANGÉLIQUE. Tu seras parfait, j'en suis sûre.

DIDEROT. Regarde-moi, Angélique, tu m'as l'air d'oublier que je me fais vieux. J'ai déjà un pied dans la tombe et je glisse sur l'autre.

ANGÉLIQUE. Toi, tu ne te souviens de ton âge que pour justifier ta paresse. Tu as fait la même chose à Maman l'autre jour lorsqu'elle te demandait de déplacer le clavecin. Moi, je préférerais que mon fils...

DIDEROT. « Moi » ! « Je » ! Cesse de te mettre au début, au centre et à la fin de tes phrases. Cet enfant doit avoir une famille, même si tu ne veux pas encore en fonder une. L'intérêt de l'espèce doit l'emporter sur celui de l'individu. Oublie pour un moment le point que tu occupes dans l'espace et dans la durée, étends ta vue sur les siècles à venir, les régions les plus éloignées et les peuples à naître, songe à notre espèce. Si nos prédécesseurs n'avaient rien fait pour nous, et si nous ne faisions rien pour nos neveux, ce serait presque en vain que la nature eût voulu que l'homme fût perfectible. Après moi, le déluge ! C'est un proverbe qui n'a été fait que par des âmes petites, mesquines et personnelles. La nation la plus vile et la plus méprisable serait celle où chacun le prendrait étroitement pour la règle de sa conduite. « Moi, moi » ! L'individu passe mais l'espèce n'a point de fin. Voilà ce qui justifie le sacrifice, voilà ce qui justifie l'homme qui se consume, voilà ce qui justifie l'holocauste du moi immolé sur les autels de la postérité.

Il se tait. Il observe l'effet de son discours sur sa fille.

ANGÉLIQUE. Je ne suis pas convaincue.

DIDEROT. Angélique, tu n'as pas écouté ! J'ai toujours convaincu tout le monde.

ANGÉLIQUE. Pas moi.

DIDEROT. Jure-moi de réfléchir à cela.

ANGÉLIQUE. Je te le jure.

On entend encore du bruit à côté.

ANGÉLIQUE. Qu'est-ce que c'est ?

DIDEROT. Le chat.

ANGÉLIQUE. C'est curieux, les chats n'ont jamais beaucoup d'équilibre dans ton entourage.

Elle se lève et s'approche de la sortie.

DIDEROT. Où vas-tu ?

ANGÉLIQUE. Je vais voir Danceny, cela m'aidera à réfléchir.

Elle sort.

SCÈNE 14
Mme Therbouche, Diderot

Il va ouvrir à Mme Therbouche qui apparaît un peu essoufflée, un tableau à la main.

MME THERBOUCHE. Rude journée.

DIDEROT. Ça !

MME THERBOUCHE *(fermant la porte derrière elle)*. Dites-moi, étiez-vous sincère, là, à l'instant, avec votre fille ?

DIDEROT. Oui. *(Il se précipite sur sa feuille et commence à calligraphier.)* D'ailleurs, je le note immédiatement. L'*Encyclopédie* se doit d'aider les pères.

MME THERBOUCHE. C'est étonnant. *(Un temps. Il écrit. Elle le regarde.)* Comment pouvez-vous à la fois défendre le plaisir individuel et dire que l'individu doit renoncer au plaisir pour le bien de l'espèce ?

DIDEROT *(de mauvaise foi)*. C'est une contradiction ?

MME THERBOUCHE. Ça y ressemble.

DIDEROT *(sans varier)*. Et pourquoi une morale ne serait-elle pas contradictoire ?

MME THERBOUCHE. Parce que, dans ce cas-là, ça ne fait pas une morale mais deux. La morale de l'individu, la morale de l'espèce. Et elles n'ont rien à voir l'une avec l'autre.

DIDEROT *(cessant de feindre)*. C'est ennuyeux...

Il regarde ses feuillets et se met à barrer ce qu'il vient d'écrire avec un soupir. Puis il contemple Mme Therbouche.

Elle lui sourit. Elle montre le tableau qu'elle tient en main.

MME THERBOUCHE. Qu'est-ce que c'est que cette viande froide, ce poisson, ces arêtes ?

DIDEROT. Une toile de Chardin.

MME THERBOUCHE. Chardin ?

DIDEROT. Un peintre auquel je crois beaucoup.

MME THERBOUCHE *(dubitative).* C'est sinistre.

Elle repose le tableau contre un meuble et s'approche de Diderot.

Elle lui masse les épaules pendant qu'il écrit.

MME THERBOUCHE. Vous serez mon deuxième philosophe.

DIDEROT. Ah oui ?

MME THERBOUCHE. J'ai fait le portrait de Voltaire.

DIDEROT. Voltaire ? Et... seulement le tableau ?

MME THERBOUCHE. Non. Je me suis intéressée de plus près au sujet.

DIDEROT *(passionné).* Eh bien ?

MME THERBOUCHE. C'est un amant de neige. Cela fond dans la main lorsqu'on le saisit.

Ils rient. Diderot est assez content d'apprendre la défaite de Voltaire. Il pose la plume.

DIDEROT. Oh, moi, je ne me fais pas d'illusions, je ne laisserai pas un grand nom dans l'histoire.

MME THERBOUCHE. Pourquoi ?

DIDEROT. Parce que je suis plus habile au lit qu'au bureau.

Le désir revient entre eux. Il se retourne et l'embrasse dans le cou, couvrant ses épaules de petits baisers.

DIDEROT. Je sens que vous allez m'aider à réfléchir encore.

MME THERBOUCHE. Qu'allez-vous faire ? Au sujet de votre fille ?

DIDEROT. Danceny ne la touchera pas. Il ne la regardera même pas.

MME THERBOUCHE. Elle est ravissante, elle dégèlerait un séminariste.

DIDEROT. Pas lui.

MME THERBOUCHE. Comment en être sûr ? On lui prête bien des maîtresses.

DIDEROT. Il fait croire qu'il en a. *(Il lui embrasse l'oreille.)* En réalité, je le sais plutôt porté sur les hommes.

MME THERBOUCHE. Lui ?

DIDEROT. C'est un bougre. Il chevauche sans laisser d'orphelin.

MME THERBOUCHE. C'est répugnant.

DIDEROT. Allons donc ! C'est moins sot que l'onanisme. Puisqu'il s'agit de simple volupté, autant donner du plaisir à deux plutôt qu'à un. Autant se montrer partageur. Quand Danceny rejoint son ou ses amis, il ne fait guère que se livrer à... une masturbation altruiste.

MME THERBOUCHE. Tout de même !

DIDEROT. Je ne vois pas de perversion ni de vice au niveau de l'individu, sauf ce qui met la santé en péril. Il n'y a d'actes coupables que ceux dont le corps porte la peine. *(Il continue à l'embrasser.)* Où en étions-nous ?...

MME THERBOUCHE *(l'embrassant aussi).* A la morale de l'individu...

Ils rient et s'allongent voluptueusement sur le sofa.
On frappe furieusement.

SCÈNE 15

Baronnet, Mme Therbouche, Diderot

Sans attendre de réponse, Baronnet entre.

BARONNET. Monsieur...

DIDEROT. Baronnet, on frappe avant d'entrer.

BARONNET. C'est ce que j'ai fait, monsieur.

DIDEROT. Alors on attend une réponse. Mais où as-tu été élevé ? Dans un lupanar ?

BARONNET. C'est que, monsieur, il faut absolument que j'emporte votre article. L'imprimerie doit encore le composer.

Diderot lâche brusquement Mme Therbouche et se rend au bureau.

DIDEROT. Bien sûr. Excusez-moi, ma chère, j'allonge un peu la sauce.

Il saisit sa feuille et la regarde : elle est couverte de phrases barrées. Baronnet, lui, contemple Diderot avec admiration.

BARONNET. Ah, monsieur Diderot, à vous rien n'est impossible ! J'étais sûr que vous nous torcheriez cela en quelques minutes.

DIDEROT *(mécontent).* Torcher est le mot. *(Reposant la feuille sur le bureau.)* Non, mon petit Baronnet, attends encore, il faut que je réfléchisse.

BARONNET *(voulant saisir le papier).* Je suis certain que c'est remarquable. Et puis, vous savez, vous n'aurez pas le temps de toucher la perfection...

DIDEROT. Oh, la perfection et moi, cela fait bien longtemps que nous faisons chambre à part. Non, mon petit Baronnet, laisse-moi dix minutes et je te rends l'article.

BARONNET. Bien, monsieur. *(Il se retire.)* Dix minutes, n'est-ce pas ?

DIDEROT. Dix minutes... bien sûr... *(Il se gratte frénétiquement la tête.)* Chère amie, puis-je vous prendre encore dix minutes ?

MME THERBOUCHE. Quoi ? Nous n'avons rien fait et il faut déjà que je vous attende ?

DIDEROT. S'il vous plaît...

MME THERBOUCHE. Vous exagérez. Soit. Pour la philosophie. Je vais même passer dans l'antichambre, retourner admirer vos tableaux pour vous donner une vraie paix. Mais c'est la dernière fois que je serai la maîtresse d'un homme de lettres.

Elle sort. Au dernier moment, elle rafle le tableau de Chardin qu'elle avait déposé précédemment et referme soigneusement la porte.

DIDEROT *(pour lui, ironique).* Dix minutes, c'est plus que suffisant pour trancher un problème que personne n'est arrivé à résoudre en plusieurs millénaires... Mon pauvre Diderot, je te trouve particulièrement empêtré, cet après-midi. Tu es devenu philosophe pour te poser des questions et voici que tout le monde vient te demander des réponses. Maldonne !

Diderot s'assoit et commence à écrire.

SCÈNE 16

La jeune d'Holbach, Diderot

A peine a-t-il gribouillé quelques mots que la jeune d'Holbach, poussant lentement la porte extérieure, passe la tête. Elle jette un coup d'œil vers la porte de l'antichambre puis se décide à entrer.

LA JEUNE D'HOLBACH. Je vous dérange ?

DIDEROT. Oui. Enfin... *(se rendant compte)*... non... vous êtes ici chez vous...

LA JEUNE D'HOLBACH. Vous ne croyez pas si bien dire : ce pavillon est mon ancienne salle de jeux.

Elle s'approche du chevalet.

LA JEUNE D'HOLBACH. Mme Therbouche a laissé sa toile en chantier ?

Il tente d'écrire et ne répond pas. Elle soulève la bâche qui protège la toile et découvre le dessin avec surprise.

LA JEUNE D'HOLBACH. C'est vous ?

DIDEROT. Ça se voit, non ?

LA JEUNE D'HOLBACH. Je ne sais pas. Tout est dessiné sauf la tête.

Diderot réalise ce que doit être le croquis. Il court le voir et, découvrant son anatomie, ramasse un châle qu'il pose par-dessus. La jeune d'Holbach rit.

LA JEUNE D'HOLBACH. Elle peint de mémoire ou d'imagination ?

DIDEROT *(un peu rouge).* Écoutez, mademoiselle d'Holbach, Mme Therbouche fait son travail comme elle l'entend, moi aussi. J'ai d'ailleurs un article à boucler que l'on va venir chercher dans quelques minutes. Il faudrait que je me concentre sur ce que je dois écrire car je suis tellement dérangé ici que je n'ai pas pu tracer encore une seule ligne de bon sens.

LA JEUNE D'HOLBACH. Quel en est le sujet ?

DIDEROT. La morale.

LA JEUNE D'HOLBACH. C'est facile !

Diderot hausse les yeux au ciel. Puis il se jette sur sa feuille pour écrire. Il barre. Elle le juge sévèrement.

LA JEUNE D'HOLBACH. N'insistez pas. Si, à votre âge, vous n'êtes pas capable de répondre à une question si simple en trente secondes, c'est que le sujet n'est pas pour vous : vous échouerez, que vous preniez dix minutes, trois heures ou six mois.

DIDEROT. Écoutez, j'ai déjà rédigé trois mille pages de l'*Encyclopédie,* alors je vous trouve légèrement péremptoire pour une analphabète de vingt ans.

Il recommence à écrire. On entend un nouveau bruit d'éboulement dans l'antichambre.

DIDEROT *(par réflexe).* Qu'est-ce que c'est ?

La jeune d'Holbach a un geste rapide pour entrouvrir la porte. Elle passe la tête une seconde puis referme le battant.

LA JEUNE D'HOLBACH. Ce n'est rien, c'est le chat.

DIDEROT. Le chat ?

Un temps. Il réalise le comique de la situation et se met à rire silencieusement.

LA JEUNE D'HOLBACH. J'ai dit quelque chose de ridicule ?

DIDEROT *(essayant de contenir son hilarité).* Non, non, je pensais que finalement... la vie est belle.

LA JEUNE D'HOLBACH *(du tac au tac).* Je ne supporte pas que vous perdiez votre temps avec Mme Therbouche.

DIDEROT *(dégrisé).* Quel rapport ?

LA JEUNE D'HOLBACH. Aucun, j'ai envie de vous dire cela. Pourquoi est-ce que ce serait vous qui choisiriez les sujets des conversations ? *(Avec force.)* Je déteste Mme Therbouche, je ne supporte pas ses intonations prussiennes.

Diderot va se mettre devant la porte qui mène à l'antichambre, comme pour empêcher que Mme Therbouche n'entende.

LA JEUNE D'HOLBACH. Elle se jette sur les hommes comme une mouche sur une meringue. Je suis sûre qu'elle a essayé de s'allonger là avec vous.

DIDEROT. Oui, et alors ? Si cela nous fait plaisir.

LA JEUNE D'HOLBACH. Et je suis sûre aussi que vous avez eu l'impression d'avoir fait les premiers pas alors qu'elle a tout manigancé. *(Il ne répond pas.)* Méfiez-vous ! Elle a sûrement quelque chose à vous demander.

DIDEROT *(décidant de négliger la remarque).* C'est ça... c'est ça... merci pour vos conseils.

LA JEUNE D'HOLBACH. Vous allez vous faire gruger, je vous le prédis !

DIDEROT. Allons, allons, ma petite, gardez pour vous vos trésors d'éloquence. Je connais bien les femmes.

LA JEUNE D'HOLBACH. Vous ne les connaissez pas du tout. C'est votre charme, d'ailleurs. Lorsqu'on vous voit, on se dit : « Est-il mignon, celui-là, et il doit être si facile à berner ! »

DIDEROT. Je vous en prie !

LA JEUNE D'HOLBACH. Vous ne pouvez pas avoir une liaison avec Mme Therbouche, non, elle est vraiment trop laide !

Grand bruit dans l'antichambre. On comprend que Mme Therbouche écoute et manifeste une certaine fureur.

DIDEROT. C'est le chat !

LA JEUNE D'HOLBACH. Bien sûr ! *(Reprenant.)* Enfin, sur ce point, je ne devrais pas la blâmer mais plutôt la plaindre.

DIDEROT. De quoi ?

LA JEUNE D'HOLBACH. L'âge. *(Un temps.)* C'est un fléau.

DIDEROT. L'âge est juste, il n'épargne personne.

LA JEUNE D'HOLBACH. Ah non ! *(Charmeuse, elle se coule vers lui.)* Le temps se montre doux avec les hommes, un peu de neige sur les cheveux, plus d'indécision dans les traits, du flou dans le geste, il transforme une eau-forte en aquarelle, j'aime tellement l'aquarelle. Tandis que les femmes... Les femmes ne sont destinées qu'au plaisir de l'homme ; lorsqu'elles n'ont plus cet attrait, tout est perdu pour elles. Non ?

Diderot va refermer prudemment la porte à clé. Il se sent plus en sécurité.

DIDEROT. Tous les visages ne se décomposent pas.

LA JEUNE D'HOLBACH. Regardez donc le sien.

Mme Therbouche apparaît dans l'œil-de-bœuf et scrute la pièce.

LA JEUNE D'HOLBACH. Il ne reste jamais immobile, elle le force au mouvement, elle a raison, elle n'a plus le choix : si elle s'arrête un instant, tout tombe, l'œil, la joue, la bouche. *(Elle s'approche de Diderot, flatteuse, ensorcelante. Celui-ci, ayant aperçu la Therbouche, amène volontairement la jeune d'Holbach dans un coin de la pièce où Mme Therbouche ne peut plus les voir.)* Tandis qu'elle s'agite et qu'elle ment, vous, vous allez vers votre vérité ; vous avez la tête nue, la forêt de vos rides raconte votre histoire, une longue barbe rendra votre visage respectable ; rien ne vous détruira, vous conserverez sous une peau ridée et brunie des muscles fermes et solides.

Mme Therbouche disparaît de l'œil-de-bœuf et refait du bruit.

DIDEROT. C'est le chat qui gratte !

LA JEUNE D'HOLBACH *(lancée)*. Chez les femmes, tout s'affaisse, tout s'aplatit. C'est parce qu'elles ont beaucoup de chair et de petits os que les femmes sont belles à dix-huit ans, et c'est parce qu'elles ont eu beaucoup de chair et de petits os que toutes les proportions qui forment la beauté disparaissent si vite...

DIDEROT. Allons, allons, à vous entendre, on viendrait à douter que vous sortiez parfois. N'avez-vous jamais vu Mme Helvétius ?

LA JEUNE D'HOLBACH. Mme Helvétius n'est pas une belle vieille mais une vieille qui paraît jeune.

Il rit malgré lui.

DIDEROT. Vous n'êtes guère charitable.

LA JEUNE D'HOLBACH. Pourquoi voudriez-vous que je le sois : j'ai vingt ans.

Il rit encore. Elle aussi. Une complicité joyeuse et teintée de désir s'établit entre eux.

LA JEUNE D'HOLBACH. Et elle, quel âge a-t-elle, cette Mme Therbouche ? Cent vingt ans ?

DIDEROT *(amusé).* Cent trente.

Diderot, charmé, se penche vers la jeune d'Holbach.

DIDEROT. Qu'étiez-vous venue me dire, mon petit ? Je dois impérativement écrire sur la morale.

La jeune d'Holbach s'approche très près et plante ses yeux dans les siens.

LA JEUNE D'HOLBACH. Tout à l'heure, lorsque je plaidais la cause de mon amie Angélique, j'ai senti soudain... comment dire ?... une chaleur... un feu, oui, un feu violent qui m'attaquait la gorge. Et savez-vous pourquoi ? Parce qu'un instant je me suis imaginé qu'Angélique était moi, et que Danceny était vous.

DIDEROT. Ah !

LA JEUNE D'HOLBACH. Et j'ai aimé sa réponse.

DIDEROT. A qui ?

LA JEUNE D'HOLBACH. Au chevalier Danceny. Enfin, votre réponse.

DIDEROT *(troublé).* Ah... *(Un temps.)* Oui, moi aussi, j'ai aimé sa question.

LA JEUNE D'HOLBACH. A qui ?

DIDEROT. A elle... enfin à vous.

LA JEUNE D'HOLBACH. Ah...

Ils sont près de s'embrasser.

De nouveau, on entend du bruit dans l'antichambre. La jeune d'Holbach, agacée, court à la porte, tourne la clé, passe la tête derrière le battant et crie.

LA JEUNE D'HOLBACH. Ça suffit ! Couché !

Puis elle claque la porte et se rapproche de Diderot, retrouvant immédiatement son attraction physique.

DIDEROT *(un peu surpris).* Il... il... vous obéit ?

LA JEUNE D'HOLBACH. Qui ?

DIDEROT. Le chat ?

LA JEUNE D'HOLBACH. Tout le monde m'obéit. *(Se faisant de nouveau brûlante.)* Ah, tout à l'heure... Je ne peux plus effacer cet instant... le feu me dévore.

DIDEROT. Ma petite, ma petite, ne me tentez pas, je ne sais pas résister.

Il pose la main sur l'épaule de la jeune d'Holbach.

SCÈNE 17

Mme Therbouche, la jeune d'Holbach, Diderot

Mme Therbouche pousse la porte d'un coup de pied et pointe un doigt accusateur vers le couple.

MME THERBOUCHE. Lâchez cette gamine immédiatement.

DIDEROT *(ne sachant pas quoi dire).* Ah... chère amie... chère amie... vous étiez là ?

MME THERBOUCHE. Oui, avec le chat ! Occupez-vous de votre article, moi je m'occupe d'elle. *(Elle s'approche de la jeune d'Holbach.)* Ce n'est pas la première fois qu'elle me fait le coup. C'est une pyromane.

DIDEROT. Une pyromane ?

MME THERBOUCHE. Oui ! Elle allume des feux qu'elle n'éteint pas. Dans une minute, lorsque vous auriez été fou de désir, elle se serait éclipsée pour une raison ou une autre. Petite vicieuse ! Ce qu'elle aime, c'est donner la fièvre.

LA JEUNE D'HOLBACH. Je vous signale que vous êtes sous le toit de mon père.

MME THERBOUCHE. Eh bien, justement, je voudrais lui en parler, de vous, à votre père. Comédienne ! Hypocrite ! Vous étiez en train de faire grimper ce pauvre Diderot le long des murs.

LA JEUNE D'HOLBACH. Absolument pas. J'apprécie beaucoup monsieur Diderot.

MME THERBOUCHE. Menteuse ! Je me demande bien ce qui peut vous plaire en lui.

LA JEUNE D'HOLBACH. J'aime quand il me parle.

MME THERBOUCHE. Ah oui ? Qu'est-ce que vous pouvez en comprendre ? Dans la tête, vous n'avez que des miettes pour nourrir les oiseaux. Il est à moi.

LA JEUNE D'HOLBACH. A moi !

DIDEROT. Écoutez, tout cela est très flatteur mais je tiens à préciser que depuis que je ne me lâche plus dans mes linges, c'est-à-dire depuis l'âge approximatif de deux ans, je considère que je n'appartiens à personne.

MME THERBOUCHE. Dites à cette petite impertinente qui vous préférez.

LA JEUNE D'HOLBACH. Oui, dites.

DIDEROT. Eh bien...

MME THERBOUCHE. Ne prenez pas de gants pour elle, répondez !

LA JEUNE D'HOLBACH. C'est ridicule de vous accrocher à lui comme un pou à une tête chauve.

MME THERBOUCHE *(à Diderot)*. Choisissez, sinon je la gifle.

DIDEROT. Choisir, choisir... c'est que je n'aime pas le mot.

MME THERBOUCHE. Alors contentez-vous de la chose. Qui ?

DIDEROT. C'est que j'ai deux désirs et...

LA JEUNE D'HOLBACH. Il doit bien y avoir un désir qui l'emporte sur l'autre, non ?

DIDEROT. Un désir plus fort que l'autre, comment serait-ce possible ? Ce sont deux désirs différents.

LA JEUNE D'HOLBACH. Si vous ne pouvez comparer les désirs, comparez les deux femmes !

MME THERBOUCHE. Deux femmes ? Où cela ? Je n'en vois qu'une, personnellement, à côté de la petite morveuse.

LA JEUNE D'HOLBACH. Oui, moi aussi, je n'en vois qu'une seule, à côté de la vieillarde pathétique.

MME THERBOUCHE. Un nom, dites un nom.

DIDEROT *(définitif, avec force).* Impossible. Philosophiquement impossible.

MME THERBOUCHE. Pardon ?

DIDEROT *(même attitude).* A cause de l'âne de Buridan !

LA JEUNE D'HOLBACH. Pardon ?

DIDEROT *(essayant de les convaincre et de se convaincre).* L'âne de Buridan. Buridan était un moine du Moyen Age qui montra que, l'âne n'ayant pas de libre arbitre, il ne pouvait choisir. Si, si, comprenez. Cet âne avait également faim et soif, vous m'entendez bien, aussi soif que faim. Or Buridan lui posa, à égale distance, un seau d'eau et un seau d'avoine.

MME THERBOUCHE. Eh bien ?

DIDEROT. Eh bien, l'âne n'a pu choisir entre le seau d'avoine et le seau d'eau. Il est mort de faim et de soif au milieu des deux. Il lui manquait le libre arbitre.

MME THERBOUCHE. Votre âne était un âne, vraiment !

LA JEUNE D'HOLBACH. Mais vous, vous êtes un homme !

DIDEROT. C'est à prouver. Je ne suis pas libre non plus.

LA JEUNE D'HOLBACH. C'est tout de même la première fois qu'on me compare à un seau d'avoine.

MME THERBOUCHE *(corrigeant la jeune d'Holbach)*. Non, un seau d'eau, ça a encore moins de goût, ça vous correspond mieux. Monsieur Diderot, trêve de finasseries théologiques, choisissez.

LA JEUNE D'HOLBACH. Oui, choisissez.

MME THERBOUCHE. Il y a une pimbêche de trop ici.

LA JEUNE D'HOLBACH. La croûte s'incruste !

Diderot, explosant subitement, se met à hurler.

DIDEROT. Ça suffit !

Léger arrêt des deux femmes.

MME THERBOUCHE. Pardon ?

DIDEROT *(fort et clair).* Je dis : ça suffit !

Court temps.

LA JEUNE D'HOLBACH *(à Mme Therbouche).* Comment ça, « ça suffit » ?

MME THERBOUCHE *(à la jeune d'Holbach).* Vous avez entendu « ça suffit », vous ?

LA JEUNE D'HOLBACH. Oui, j'ai entendu « ça suffit » !

DIDEROT. Ça suffit ! Arrêtez ce harcèlement ! Je ne suis pas un jouet qu'on se refile dans un boudoir. Paix ! Pouce ! Vous voilà toutes, depuis ce matin, nichons à l'air, épaules dénudées, l'œil en fusil et le cheveu en pétard, à affoler un pauvre homme qui ne demande que le repos, la paix, et la méditation !

MME THERBOUCHE. C'est un peu fort !

DIDEROT. Pouce ! Je vais vous mettre d'accord toutes les deux : j'ai nourri un béguin pour vous, pour vous deux, mais au fond, cela demeure secondaire, parce que j'en aime une autre !

MME THERBOUCHE. Ah oui !

DIDEROT. Oui ! Depuis que je suis né, je ne suis fidèle qu'à une seule maîtresse : la philosophie.

LA JEUNE D'HOLBACH. C'est agréable ! Alors nous passons après votre travail ?

DIDEROT. Complètement. Vous n'êtes que des femmes.

MME THERBOUCHE. Mais qu'est-ce qu'il dit ?

DIDEROT. Pouce ! J'ai cet article à finir pour l'*Encyclopédie.* A l'heure qu'il est, rien d'autre ne compte, vous m'entendez : rien ! *(Grandiose.)* L'avenir des Lumières passe par là ! Laissez la chair se reposer ! Et méditer ! Place à l'esprit !

MME THERBOUCHE. Je ne veux pas que...

DIDEROT *(superbe).* Dehors !

LA JEUNE D'HOLBACH. Enfin, vous n'allez pas la laisser...

DIDEROT *(terrible).* Dehors ! Je me disperse. Je me disperse. Je n'ai plus de temps à vous consacrer. L'*Encyclopédie* m'attend.

Il les emmène fermement par le bras jusqu'à la porte.

DIDEROT. Mesdames, à tout à l'heure. Nous reprendrons cette discussion lorsque j'aurai épuisé la morale.

MME THERBOUCHE. Mais je...

DIDEROT. Chut ! *(Identiquement à la jeune d'Holbach, prévenant sa réaction.)* Chut ! Le devoir n'attend pas.

Et il les pousse dehors, ne s'étonnant pas qu'elles résistent si peu.

SCÈNE 18

Diderot seul

Il pousse un soupir d'aise.

DIDEROT *(heureux).* Je suis une victime ! *(Il se regarde dans la coiffeuse, fat, assez fier de lui.)* Une victime de violences amoureuses ! De chantage sensoriel ! Une victime du sexe *(Il se contemple puis se reprend.)* Je me disperse, je me disperse. *(Délicieusement hypocrite.)* Quelle affreuse journée ! *(Il se sourit au miroir.)* Mais quel noble sacrifice ! *(Il reprend son article. Il a une grimace et dit, plus sincèrement cette fois :)* Satané article ! Fichu Rousseau ! *(Rêvant.)* Cette petite d'Holbach n'est pas ma fille, non, ça, je vous le dis, ce n'est pas ma fille... Et la Therbouche !... *(Soupirant.)* Je n'ai jamais eu de chance : on m'a toujours offert des sandales en hiver et des parapluies les jours de grand soleil ! *(Il se penche volontairement sur sa feuille et pousse un soupir de découragement.)* Parfois, j'aimerais ne pas être moi, mais Rousseau, Helvétius, ou Voltaire, une tête dure de ce genre, avec des idées bien cadrées, bien arrêtées, des idées qu'on enferme dans des formules, puis dans des livres, des idées qui restent, qui s'accrochent, qui se coulent dans le bronze... Moi, je change d'avis lorsqu'une femme entre, je suis capable de passer de la gavotte au menuet en plein milieu du morceau, les idées me frôlent et me bousculent, rien ne reste. Je me réveille pour, je m'endors contre. Maudites molécules... Alors, la morale, nous disions, la morale...

SCÈNE 19

Angélique, Diderot

Angélique entre en trombe, les larmes aux yeux. Elle se jette dans les bras de son père.

ANGÉLIQUE. Ah, Papa, tu avais raison ! Tu avais mille fois raison ! Je viens de voir le chevalier Danceny. Il est affreux : il a une dent en moins !

DIDEROT. Allons, tant mieux !

ANGÉLIQUE. Et puis il est poilu, tellement poilu...

DIDEROT. Lui ? Je l'ai vu l'autre jour sans perruque, il n'a plus un cheveu sur le caillou.

ANGÉLIQUE. Alors il semblerait que la nature fasse sortir des oreilles les poils qu'elle supprime sur le crâne.

DIDEROT. Ah ?

Par réflexe, inquiet, sans réfléchir, il se touche les oreilles.

ANGÉLIQUE. J'ai ouvert les yeux, Papa, et je l'ai vu tel qu'il est, j'ai compris l'erreur que j'allais faire. Papa, tu avais raison, ma liaison avec Danceny serait ridicule : il est beaucoup trop vieux.

DIDEROT. Danceny ? Il a mon âge.

ANGÉLIQUE. Tu te rends compte ? C'est bien ça : ton âge ! Alors soudain j'ai repensé à tout ce que tu me disais sur le salut de l'espèce, sur la nécessité de penser à nos enfants. Je ne peux pas avoir un enfant d'un homme trop fait, il risquerait d'être débile ou mal formé ; à cet âge-là, ses humeurs doivent s'être gâtées, son sperme sera pourri, nous allions donner naissance à un goujon.

Diderot baisse la tête, accablé par ce qu'il entend.

DIDEROT. Si tu le dis...

Angélique s'assoit sur ses genoux.

ANGÉLIQUE. Papa, je te le dis au nom de la propagation de l'espèce, je ne coucherai pas avec Danceny.

DIDEROT *(atone).* Tant mieux.

Angélique le regarde.

ANGÉLIQUE. Tu n'as pas l'air content.

DIDEROT *(tristement ironique).* Si, si. Je suis fou de joie. C'est une très belle journée.

SCÈNE 20

Baronnet, Angélique, Diderot

Baronnet entre en trombe, à son habitude.

DIDEROT. Ah, Baronnet, je te préviens, cette pression devient intolérable : ne prononce pas le terme « Morale » devant moi. Et je te défends de me réclamer encore cet article !

BARONNET. Monsieur, je ne venais pas pour ça !

DIDEROT. Ah bon ? Alors pourquoi viens-tu ?

BARONNET. Je me demandais seulement pour quelle raison vous aviez finalement confié votre collection de tableaux à Mme Therbouche.

DIDEROT *(haussant les épaules).* Qu'est-ce que tu dis ?

BARONNET. Vous m'aviez juré que ce serait moi qui les emporterais à Saint-Pétersbourg. Je rêvais de connaître la Russie.

DIDEROT. Qu'est-ce que tu racontes ? Je n'ai confié aucune mission à la Therbouche, nous sommes en froid.

BARONNET. Elle et Mlle d'Holbach sont dans la cour, en train de charger une calèche jusqu'à la gueule avec vos tableaux.

DIDEROT. Tu plaisantes ; les tableaux sont là, dans la pièce d'à côté !

Pris d'un doute, il court dans l'antichambre. On l'entend crier.

VOIX DE DIDEROT. Nom de Dieu ! *(Encore plus fort.)* Nom de Dieu de nom de Dieu de nom de Dieu !

ANGÉLIQUE *(très calme, à Baronnet).* C'est amusant, ces jurons, pour un athée !

VOIX DE DIDEROT. Nom de Dieu de nom de Dieu de nom de Dieu !

Il répparaît, hagard, tenant une petite toile à la main.

DIDEROT. Il n'en reste plus qu'un ! Le Chardin ! Elle a tout ratissé. Elle les a fait sortir par la fenêtre pendant que je... avec la petite d'Holbach... enfin... Nom de Dieu !

BARONNET. Qu'est-ce que je fais pour l'article ?

Mais Diderot est déjà sorti à toute vitesse pour rattraper les tableaux.

SCÈNE 21

Baronnet, Angélique

ANGÉLIQUE. J'ai l'impression que Papa s'est encore fait barbouiller le museau.

BARONNET. Monsieur est si confiant.

ANGÉLIQUE. Et naïf. Cela fait des années que j'essaie de le dégourdir un peu, mais rien n'y fait ! C'est très long d'éduquer ses parents.

BARONNET. Ah oui ?

ANGÉLIQUE. Oui. Et c'est encore plus difficile lorsqu'ils sont très intelligents : rien ne rentre !

SCÈNE 22

Diderot, Mme Therbouche, la jeune d'Holbach, Angélique, Baronnet

Diderot revient en poussant Mme Therbouche qu'il a prise sur le fait.

MME THERBOUCHE. Lâchez-moi, espèce de brute ! Lâchez-moi !

DIDEROT. Voleuse !

MME THERBOUCHE. Insultez-moi tant que vous voulez mais lâchez-moi !

DIDEROT. Je ne vous lâcherai que devant la police !

LA JEUNE D'HOLBACH *(se précipitant pour secourir Mme Therbouche).* Mais oui, lâchez-la, à la fin !

DIDEROT. Malheureuse, vous ne vous rendiez pas compte de ce que vous étiez en train de faire en l'aidant. Elle me dépouillait ! Vous ne pouvez pas imaginer à quel point vous aviez raison de vous méfier d'elle ! C'est une ordure, une pure ordure.

LA JEUNE D'HOLBACH. Je ne vous permets pas de parler d'elle ainsi !

DIDEROT. Elle vous rendait complice d'un vol ! Savez-vous que ces tableaux appartiennent à Catherine II de Russie ?

LA JEUNE D'HOLBACH. Si vous ne nous aviez pas pincées, dans une demi-heure ils étaient à nous.

DIDEROT *(abasourdi).* J'ai dû m'égarer dans un de mes cauchemars.

Mme Therbouche parvient à se dégager, elle se frotte le poignet et parle aux autres avec autorité.

MME THERBOUCHE. Maintenant, laissez-moi seule avec lui. Nous avons à discuter sérieusement.

LA JEUNE D'HOLBACH. Je veux rester avec vous.

MME THERBOUCHE. Ne crains rien, ma douce, va te rafraîchir, tout va s'arranger.

LA JEUNE D'HOLBACH. J'ai peur qu'il ne vous brutalise encore.

MME THERBOUCHE. Mais non, ma douce, je ne crains rien.

DIDEROT *(interloqué).* « Ma douce »... Je vais me réveiller.

Angélique prend fermement et gentiment la jeune d'Holbach par la main, tout en faisant signe à Baronnet de la suivre.

ANGÉLIQUE. Viens. Ils doivent se parler.

BARONNET. Je vais récupérer les tableaux, monsieur Diderot.

Les trois jeunes gens sortent, laissant Diderot et Mme Therbouche se toiser comme deux fauves.

SCÈNE 23

Mme Therbouche, Diderot

DIDEROT. Alors vous êtes un escroc ?

Mme Therbouche redresse la tête, un éclair de fierté dans le regard.

MME THERBOUCHE. Servez-moi le féminin, s'il vous plaît. Dites plutôt que je suis une « escroque ».

DIDEROT *(noir).* Au féminin, on dit plutôt garce.

Mme Therbouche éclate de rire, ravie.

MME THERBOUCHE. Garce ! Ah, c'est tellement bon de cesser de jouer ! *(Brusquement, très directe.)* Salope, menteuse, joueuse, entremetteuse, voleuse, rendez-moi mes vrais vêtements ! Je n'entre chez les gens que pour en sortir avec leurs biens, la peinture me sert de prétexte pour arriver aux bijoux, à l'argenterie, aux coffrets, à tout ce qui se trouve à prendre.

DIDEROT *(mauvais).* Savez-vous peindre seulement ?

MME THERBOUCHE. J'esquisse. Il est rare que je doive finir un tableau. La tête, surtout... Les gens sont tellement infatués d'eux-mêmes que la perspective de poser pour la postérité leur fait quitter toute méfiance ; je les détrousse dès les premières séances ; je laisse le tableau en chantier.

DIDEROT. Comment se fait-il qu'on ne le sache pas ?

MME THERBOUCHE. Personne ne se vante d'être aussi stupide. Et puis je change souvent de pays.

DIDEROT. Je me suis toujours méfié des gens qui parlaient plusieurs langues.

MME THERBOUCHE. Vous avez raison, ils ont forcément quelque chose à cacher.

Un temps.

DIDEROT. La petite d'Holbach ?

MME THERBOUCHE. J'avais besoin d'une complice. Il fallait qu'elle vous occupe pendant que je passais les tableaux par la fenêtre, puis qu'elle m'apporte un prétexte pour partir. Notre petite scène de colère était joliment improvisée, non ? *(Elle rit.)* Ces jeunes vierges ont la tête échaudée par le manque d'hommes ; en les flattant, en leur prêtant un peu d'attention, en leur glissant deux ou trois riens dans les oreilles, il est aisé d'en faire des alliées. En quelques jours, je suis devenue sa marraine de boudoir, je lui ai promis l'art de devenir une femme complète, comment être la maîtresse des hommes. *(Un temps.)* J'ai même commencé à l'initier à l'amour.

DIDEROT *(soufflé).* Vous ?

MME THERBOUCHE. Oh, rien, des petites caresses sans conséquence, l'almanach des baisers, la géographie des lieux de son plaisir, le temps de quelques nuits. Tout cela en lui parlant des mâles, naturellement. Elle est tellement exaltée que je crois qu'elle n'a même pas conçu que j'ai pu la toucher.

DIDEROT. Vous avez le goût des jeunes filles ?

MME THERBOUCHE. Non, j'avais besoin d'une complice.

DIDEROT. Vous êtes perverse.

MME THERBOUCHE. Déterminée. *(Un temps.)* Je me suis bien amusée avec elle. Je lui ai lu les lignes de la main et je lui ai annoncé qu'elle ne découvrirait l'amour qu'avec un homme circoncis.

DIDEROT. Circoncis ?

MME THERBOUCHE *(riant).* Oui. Elle m'a crue. La voilà réduite à attendre un Turc ou un Juif.

DIDEROT. C'est cruel. Le baron d'Holbach ne fréquente pas de Turcs et, pour des raisons assez sottes, évite les Juifs aussi.

MME THERBOUCHE. C'est bien ce que je pensais. Ma prédiction va chauffer cette petite assez longtemps.

DIDEROT. Vous aimez faire mal !

MME THERBOUCHE *(simplement)*. Beaucoup.

DIDEROT. Pas moi.

MME THERBOUCHE. Aux hommes surtout.

Diderot s'approche, légèrement colérique.

DIDEROT. Vous vous êtes moquée de moi toute la journée. Vous n'avez jamais voulu faire mon portrait, vous m'avez volé mes tableaux, vous m'avez envoyé cette petite pour vous laisser le champ libre, et, naturellement, ni elle ni vous n'avez réellement voulu passer un moment de plaisir avec moi.

MME THERBOUCHE. Comment le savoir ? La supériorité de la femme sur l'homme, c'est qu'on ne peut jamais savoir si elle a envie. *(Ils se toisent.)* Les femmes sont au-dessus des hommes, plus mystérieuses, moins animales. Nous avons un corps disposé à l'énigme.

DIDEROT. Au mensonge, oui ! Tout à l'heure, lorsque vous vous pâmiez entre mes bras, vous n'étiez pas sincère !

MME THERBOUCHE. Vous l'étiez, vous ?

DIDEROT. Naturellement !

MME THERBOUCHE. Et avec la petite d'Holbach ?

DIDEROT. Aussi.

MME THERBOUCHE *(ironique).* Votre sincérité se montre inépuisable.

DIDEROT. J'ai plusieurs sincérités qui ne vont pas toujours ensemble, c'est tout ! Mais je ne me moque jamais des gens !

Elle éclate de rire. Un temps.

MME THERBOUCHE *(joyeusement).* Tout à l'heure, je rusais... sincèrement.

DIDEROT *(furieux).* Ah, arrêtez !

MME THERBOUCHE *(plus douce).* Si. Tout à l'heure, j'avais envie.

DIDEROT *(étonné, presque soulagé).* Vrai ?

MME THERBOUCHE *(allègre).* Vrai. J'avais envie de vous épuiser, de vous vider dans la jouissance, de vous assommer dans le sommeil d'après, bref, j'avais envie de vous faire mourir entre mes bras.

DIDEROT. Vous êtes folle !

MME THERBOUCHE. Le sexe, c'est la guerre. Au matin, devant ma coiffeuse, je me crêpe, je me maquille, je fais la coquette : je me prépare à mener l'assaut ; peignes, perruques, poudres, mouches, fards, tous les artifices, je les prends comme mes armes ; je mets un décolleté, des bas, des dessous de dentelle, j'endosse ma tenue de soldat et je pars à l'attaque. Je dois plaire. Ah ça, vous les hommes, vous ne comprenez pas... Plaire, pour vous, ce n'est qu'un marchepied pour arriver au lit, un moyen pour parvenir à vos fins. Tandis que plaire, pour nous, les femmes, c'est une fin en soi, c'est la victoire elle-même. Séduire... je veux que rien ne soit soustrait à mon empire, je veux pouvoir exercer mon pouvoir sur tous les mâles, ne pas leur laisser de repos... séduire, séduire jusqu'à plus soif, séduire sans soif... Et je fais lever le désir en eux. Et ils s'empressent autour de moi en croyant me demander quelque chose que je pourrais leur refuser. Et lorsqu'ils croient, eux, avoir gagné, lorsqu'ils m'écrasent toute nue contre eux, c'est là que j'achève mon triomphe.

Je lui fais croire, à l'homme, que je suis sa chose, je lui fais croire que je lui appartiens, je lui donne mon corps comme un trophée mais en vérité je le laisse s'y épuiser... Ah, le beau vainqueur que celui qui s'endort dans mes bras, le cœur battant, la queue barbouillée par sa petite jouissance. Mais moi, ma jouissance à moi, elle est là, longue, souveraine, lorsqu'il est abandonné sur moi, ce grand corps désarmé, ce grand corps qui ne comprend rien, ce grand corps heureux et harassé, ce grand corps bête, lorsqu'il est faible, fragile, à ma merci. Ah oui, vous avez la force, le pouvoir ? Moi, je réduis cela à rien, je vous fais revenir au point de départ, je vous renvoie en arrière, je vous rends nus, déculottés, infirmes, sans défense, à quelques jours de vie, un gros bébé fessu entre les cuisses d'une femme. Ma volupté, c'est que je pourrais aller plus loin encore ; c'est l'idée que j'ai vidé l'homme de sa force, de son sperme, et que je pourrais le tuer... quatre doigts qui serreraient un peu trop... un petit coup de lame sur la veine qui bat... Oui, le tuer, là, facilement, sans même qu'il s'y attende. Voilà l'amour, mon cher, une mise à mort.

On ne peut pas vous prendre de face, messieurs, alors on vous ment. On vous ment en poussant des cris d'orgasme, on vous ment en feignant de recevoir l'hommage d'un désir qu'en fait on s'évertue à provoquer. Vous vous croyez les maîtres, mais le maître est devenu l'esclave de son esclave. Je n'ai de plaisir qu'à tromper, à feindre, à ruser, à mentir, à trahir. Oui, mentir, mentir tout le temps, échapper à votre domination par la ruse, c'est tout ce que souhaite une femme digne, une femme intelligente, qui n'a pas honte de soi ; c'est cela, un beau destin de femme, devenir une garce, une grande garce, une garce en majesté qui exerce son pouvoir sur les hommes, et leur fait expier la malédiction d'être née femme.

DIDEROT. Vous avez dû être très humiliée, autrefois ?

Mme Therbouche a soudain les yeux qui brillent d'une haine noire, furieuse d'avoir été aussi bien comprise.

MME THERBOUCHE. Proie ou chasseur, c'est l'alternative, voilà le monde. *(Un temps. Elle regarde attentivement Diderot.)* Pour les tableaux, vous allez me dénoncer à la police, naturellement ?

DIDEROT. *(Les yeux brillants.)* Je ne dirai rien.

MME THERBOUCHE. Vous pardonnez ?

DIDEROT. Je ne pardonne pas, je renonce à punir. La pierre mordue par le chien ne se corrige pas. *(Un temps. Il la regarde avec intérêt.)* J'ai peur.

MME THERBOUCHE. Peur ?

DIDEROT. Peur.

MME THERBOUCHE. Et de quoi ?

DIDEROT. La séduction du beau crime. *(Un temps, ne la lâchant plus des yeux, presque envoûtant... ou envoûté.)* Le monde est un pucier, ma chère, un galetas putride, une écume, une agitation de molécules qui se cognent et s'agrègent par hasard, une effervescence absurde où tout se pousse, tout se culbute, où tout ne tient que par des déséquilibres constants. Et puis, soudain, au milieu de cette putréfaction germinative, il y a une forme, quelque chose qui s'organise et qui délivre un sens. C'est un beau visage, un beau corps, une belle statue, une belle phrase... Ce peut être une belle vie. *(Un temps.)* Ce peut être un beau crime. *(Un temps.)* Quand je vous regarde, j'aperçois que je suis fou de chercher le bien, de vouloir le capturer dans mes phrases, je me masque mon hypocrisie : je m'en moque bien du Bien ; je n'aime que la beauté. *(Un temps. Il la dévisage de façon gourmande.)* Et comme le mal est beau, ce soir.

MME THERBOUCHE *(troublée, et furieuse d'être troublée).* Taisez-vous. Je suis habituée à des compliments plus ordinaires.

DIDEROT *(dans un souffle).* Dommage que nous ne nous soyons pas connus plus tôt. Quel esprit !

MME THERBOUCHE *(minimisant).* L'esprit du mal.

DIDEROT. L'esprit tout court. *(Admiratif.)* La méchanceté donne son spectacle ; elle a ses gestes, ses fastes, son imagination, son excès, sa splendeur. Néron était un artiste lorsqu'il s'offrait le spectacle de Rome dévorée par les flammes.

MME THERBOUCHE. Allons, je ne suis qu'une escroque.

DIDEROT. Et par là même une artiste. *(Un temps. Encore plus ensorcelant, gagnant du terrain sur elle.)* J'ai peur. Pas de vous. Mais de ce que je sens pour vous. Avez-vous déjà éprouvé le vertige ? On ne craint pas le vide, non, on craint d'être attiré par le vide, tenté par son appel, on redoute d'avoir l'envie subite de sauter. Le vertige comme séduction définitive.

MME THERBOUCHE *(essayant de résister à son trouble).* Ne me parlez pas comme cela. Vous devez m'en vouloir. Je me suis jouée de vous toute la journée, je vous ai fait cocu, doublement cocu, triplement cocu.

DIDEROT *(s'approchant).* La vie nous cocufie depuis le premier jour. Est-ce qu'on renonce à vivre ?

MME THERBOUCHE *(précipitamment).* Je vais partir.

DIDEROT. Pourquoi ? J'ai repris les tableaux.

MME THERBOUCHE. Je recommencerai.

Mme Therbouche enfile son manteau.

DIDEROT. Non.

MME THERBOUCHE. Je dois partir.

DIDEROT. Vous ne partez pas, vous fuyez !

MME THERBOUCHE. Vous ne me verrez plus, je quitte Grandval, je quitte la France.

SCÈNE 24

La jeune d'Holbach, Mme Therbouche, Diderot

La jeune d'Holbach ouvre la porte et empêche Mme Therbouche de passer.

LA JEUNE D'HOLBACH. Non, je vais avec vous.

MME THERBOUCHE. Ma petite, je n'ai pas les moyens de m'encombrer de toi.

LA JEUNE D'HOLBACH. J'ai de l'argent... *(corrigeant)*...Père a de l'argent, je le prendrai.

MME THERBOUCHE. L'argent ne m'intéresse que si je le prends moi-même. Tu n'as pas compris, mon petit, que ce qui m'intéresse dans le cambriolage, ce n'est pas le butin, c'est le vol.

LA JEUNE D'HOLBACH. Je vais vous suivre. Nous serons si heureuses...

MME THERBOUCHE. Je ne peux être heureuse qu'aux dépens des autres. Pousse-toi.

LA JEUNE D'HOLBACH *(s'écartant)*. Vous ne voulez pas de moi ?

MME THERBOUCHE. Pas une seconde. Adieu.

Abasourdie, la jeune d'Holbach s'effondre sur un siège.

MME THERBOUCHE. Épargne-toi les larmes. Si tu veux te remettre vite... *(elle montre Diderot)*... fais-les souffrir. C'est ce qui console.

Mme Therbouche sort.
Diderot la rattrape au dernier moment.

DIDEROT. J'ai encore une chose à vous demander : la réponse à notre discussion de cet après-midi.

MME THERBOUCHE. Ah oui ?

DIDEROT. Car, cette fois, j'ai le sentiment que vous me direz enfin la vérité.

MME THERBOUCHE. Sans doute, puisque je n'ai plus à vous plaire.

DIDEROT *(gêné)*. C'est au sujet des hommes et des femmes... *(Il se décide.)* Lorsqu'un homme et une femme font l'amour, qui éprouve le plus de plaisir ?

MME THERBOUCHE *(du tac au tac)*. Lorsque vous vous grattez l'oreille avec le petit doigt, qui éprouve le plus de plaisir ? L'oreille ou le petit doigt ?

DIDEROT *(sans réfléchir)*. L'oreille, naturellement.

MME THERBOUCHE. Donc vous avez la réponse. Adieu.

Elle s'enfonce dans le crépuscule du parc. Après avoir hésité quelques secondes, la jeune d'Holbach la suit.

LA JEUNE D'HOLBACH. Anna... Anna...

SCÈNE 25

Baronnet, Diderot

Baronnet interrompt Diderot dans sa méditation pensive.

BARONNET. Voilà, monsieur, j'ai entreposé les tableaux dans la bibliothèque du baron. Il faut maintenant que j'emporte votre article à la composition...

DIDEROT. C'est que...

Diderot regarde la page manuscrite. Baronnet, sans plus attendre, la saisit, la lit et s'étonne.

BARONNET. Vous avez tout biffé !

DIDEROT. Mmm...

BARONNET. Mais enfin, vous n'avez pas une philosophie ?

DIDEROT. Si je n'en avais qu'une...

Un temps.

BARONNET. Qu'allons-nous faire ?

Diderot s'assoit et réfléchit.

DIDEROT. Dis-moi, qu'avons-nous mis à l'article « Éthique » dans les volumes précédents ?

BARONNET. « Éthique » ? *(Retrouvant.)* Nous avons mis « voir *Morale* ».

DIDEROT. Bon ! Eh bien, voici ce que tu vas mettre à « Morale ». Je dicte.

Baronnet s'assoit, empressé, et saisit la plume.

BARONNET. Oui ?

DIDEROT. Tu es prêt ?

BARONNET *(ravi)*. Oui, oui, oui !

DIDEROT. Voilà : « *Morale* : voir *Éthique* ».

Baronnet pose sa plume.

BARONNET. Mais...

DIDEROT. Pas de discussion !

BARONNET. Mais c'est une escroquerie !

DIDEROT. La morale ? Oui. Et l'absence de morale aussi.

BARONNET. Mais nos lecteurs vont faire le va-et-vient du tome cinq au tome huit sans rien trouver.

DIDEROT *(léger)*. Tant mieux, ça les forcera à réfléchir.

Un temps. Diderot ne sent pas glorieux. Baronnet avoue simplement.

BARONNET. Je suis déçu, monsieur.

DIDEROT *(sincère)*. Moi aussi, mon petit Baronnet.

BARONNET. C'est la vie qui est comme ça ?

DIDEROT *(doucement)*. Non, pas la vie, la philosophie.

BARONNET. Je croyais qu'être un philosophe, c'était dire ce que l'on pense.

DIDEROT. Bien sûr. En même temps, être un philosophe, c'est penser tellement de choses...

BARONNET. Mais être un philosophe, c'est s'arrêter sur une pensée et y croire.

DIDEROT. Non, ça, c'est être un crétin. *(Un temps.)* Le crétin ne dit pas ce qu'il pense mais ce qu'il veut penser, il parle en conquérant.

Baronnet soupire. Diderot le regarde avec tendresse.

DIDEROT *(nostalgiquement)*. Tu es comme tous les jeunes gens : tu attends le grand amour et la vraie philosophie. Au singulier. Rien qu'au singulier. C'est cela, le travers de la jeunesse : le singulier. Vous croyez qu'il n'y aura qu'une femme et qu'une morale. Ah, la passion des idées simples, comme elle peut nous faire du mal, à tous ! Un jour, mon petit Baronnet, tu vas te forcer à n'aimer qu'une jeune fille, à ne vivre que pour elle, que par elle, même quand elle ne sera plus elle et que tu ne seras plus toi : vous vous serez enfoncés dans le premier des malentendus, un malentendu terrible, le malentendu du grand amour ! Et puis, parce que tu as la tête trop vive, tu veux déjà t'amouracher aussi de la philosophie, l'unique philosophie qui te donnera toutes les réponses : deuxième malentendu. *(Il tapote l'épaule de Baronnet.)* Mais il n'y a pas qu'une femme ni qu'une philosophie. Et si tu es bien constitué, tu devras papillonner. Comment décider de l'indécidable ? Transformer ses hypothèses en certitudes, quelle prétention ! Lâcher toutes les idées pour une ! Le fanatisme n'a pas d'autre origine. Sois léger, mon petit Baronnet. Abandonne ton esprit à son libertinage. Endors-toi avec celle-ci, réveille-toi avec celle-là – je parle des idées –, quitte celle-ci pour une autre, attaque-les toutes, ne t'attache à aucune. Les pensées sont des femmes, Baronnet, on les renifle, on le suit, on s'en grise et puis, brusquement, le désir bifurque et l'on va voir ailleurs. C'est une fille de passage, la philosophie, ne la prends surtout pas pour ton grand amour. Une académie de philosophie, qu'est-ce que c'est ? Un grand bordel où les putains sont mandatées par des entremetteurs, des professeurs, des vieux messieurs à lunettes et déjà édentés.

Sois léger, mon Baronnet, tout léger, la pensée pas plus lourde qu'une plume. Quel homme possède jamais une femme ? Quel homme possède jamais la vérité ? Illusions... Les hommes et les femmes se rencontreront-ils un jour ? Ce que la femme désire, est-ce ce que l'homme désire ? Et ce que l'un attend de l'autre, est-ce bien ce que l'autre veut donner ? Le soleil et la lune se frôlent, se rapprochent mais jamais ne se touchent ni ne se confondent. Ne te fie à personne, jamais, pas même à toi.

Il a raccompagné Baronnet à la porte.
La nuit est tombée pendant cette scène.

SCÈNE 26

La jeune d'Holbach, Diderot

La jeune d'Holbach est entrée lentement, sur les derniers mots de Diderot. Triste, un peu défaite, elle s'est assise dans un coin de la pièce, retrouvant l'attitude d'enfant seule qu'elle avait dû avoir, auparavant, dans cette ancienne salle de jeux.

Diderot s'approche gentiment.

DIDEROT. Vous êtes triste ?

LA JEUNE D'HOLBACH. Je suis toute seule, ici, personne ne s'occupe de moi. Mon père pense, ma mère couche, tout ce qui pourrait me servir d'amant se trouve déjà en main, je m'ennuie. Au moins Mme Therbouche avait-elle décidé de s'intéresser à moi.

DIDEROT *(s'approchant).* Je veux que vous oubliiez ce moment de votre vie.

LA JEUNE D'HOLBACH. Non, n'approchez pas. Je ne pourrais jamais supporter quelqu'un qui possède un secret me concernant. C'est insultant. C'est humiliant. Je ne saurais plus vous regarder en face.

Il la dévisage avec attendrissement puis s'assoit en face d'elle.

DIDEROT. Et si je vous confiais à mon tour un secret ? Nous serions à égalité.

LA JEUNE D'HOLBACH. Oui. *(Un temps.)* Mais pourquoi me confieriez-vous un secret ?

DIDEROT. Par gentillesse.

LA JEUNE D'HOLBACH. Mmmm...

DIDEROT *(faussement en colère)*. Oh, et puis, j'en ai assez... Croyez ce que vous voulez.

La jeune d'Holbach, se rendant compte qu'elle est allée trop loin, s'approche très gentiment de lui.

LA JEUNE D'HOLBACH. Qu'est-ce que c'est, ce secret ?

DIDEROT. Voici. Il y a une chose que je cache à votre père depuis des années parce que je sais qu'il me chasserait immédiatement de sa maison : je... je suis juif !

LA JEUNE D'HOLBACH *(ouvrant des yeux très intéressés)*. Vous êtes juif ?

DIDEROT *(regardant ailleurs)*. Je suis juif.

LA JEUNE D'HOLBACH *(du tac au tac)*. Juif ! Alors vous êtes circoncis ?

DIDEROT. Très.

LA JEUNE D'HOLBACH *(doutant un instant)*. Pourtant, Diderot, ce n'est pas un nom juif.

DIDEROT. Je le suis par ma mère, pas par mon père. Ce sont les femmes qui transmettent ces qualités-là.

LA JEUNE D'HOLBACH. Ah...

Ils se regardent. La jeune d'Holbach se décide à rompre le silence.

LA JEUNE D'HOLBACH. Il faut que je vous dise : j'ai un secret aussi.

DIDEROT. Ah bon ?

LA JEUNE D'HOLBACH *(hésitante)*. On m'a dit... enfin quelqu'un qui s'y connaît très bien m'a dit... bref, on m'a lu les lignes de la main... et...

DIDEROT *(très hypocrite)*. Oh, vous croyez à ces choses-là ?

LA JEUNE D'HOLBACH. Bien sûr. Pas vous ?

DIDEROT *(prudent)*. Si, si... Alors, que vous a-t-on annoncé à partir de cette jolie petite menotte ?

LA JEUNE D'HOLBACH *(se jetant à l'eau)*. Je serai dépucelée par un Juif !

DIDEROT. Non ?

Elle s'approche de lui et dit, très nettement, pressante.

LA JEUNE D'HOLBACH. Voici.

Elle semble attendre une réaction. Diderot la regarde avec envie mais sans réagir physiquement.

LA JEUNE D'HOLBACH. Eh bien ?

DIDEROT. Vous pensez que cet homme, ce serait moi ?

LA JEUNE D'HOLBACH. A part vous, je n'ai aucun Juif sous la main.

DIDEROT. On ne peut mieux proposer. *(Ouvrant les bras.)* Venez.

Elle se blottit contre lui. Il commence à la caresser mais on sent qu'il hésite. Elle se laisse faire avec intérêt.

LA JEUNE D'HOLBACH. Est-ce que vous me trouvez jolie ?

DIDEROT. Je vous trouve.

LA JEUNE D'HOLBACH. Et Mme Therbouche ?

DIDEROT. C'est autre chose.

LA JEUNE D'HOLBACH. Vous avez couché avec elle ?

DIDEROT. Non. *(Spontanément.)* Je le regrette.

LA JEUNE D'HOLBACH. Pourquoi ?

DIDEROT. J'aime l'intelligence.

Il continue de la caresser mais on comprend que ces derniers mots le font encore plus hésiter.
Soudain il la repousse doucement, avec une fermeté affectueuse.

DIDEROT. Non.

LA JEUNE D'HOLBACH. Quoi ?

DIDEROT. Je vais pleurer demain.

LA JEUNE D'HOLBACH. Pardon ?

DIDEROT. Je pleure toujours quand je ne suis pas d'accord avec moi-même.

LA JEUNE D'HOLBACH. Mais que se passe-t-il ?

Diderot s'éloigne, enlève la couverture qui recouvre le chevalet, saisit la toile et la tend à la jeune d'Holbach.

DIDEROT. Regardez. C'est moi cet après-midi. Si, si... regardez bien.

Sans vraiment comprendre, la jeune d'Holbach contemple la toile. Elle s'écrie soudain.

LA JEUNE D'HOLBACH. Mais vous n'êtes pas juif !

Diderot a un geste piteux des mains. La rage redresse la jeune d'Holbach. Elle fonce sur lui pour le frapper.

SCÈNE 27

Mme Therbouche, la jeune d'Holbach, Diderot

Mme Therbouche apparaît en manteau de voyage à la porte. Elle arrête la jeune d'Holbach en souriant.

MME THERBOUCHE. Ne l'accable pas, ce n'est qu'un mâle, il fait ce qu'il peut.

DIDEROT *(avec un grand sourire de joie)*. Ah... enfin.

LA JEUNE D'HOLBACH. Vous êtes revenue !

MME THERBOUCHE. J'avais une pensée qui me grattait derrière la tête. *(Elle sourit à*

Diderot puis se penche vers la jeune d'Holbach.) Ma petite fille, je suis sûre qu'il était en train de te mentir. Il a sûrement prétendu qu'il était turc ?

LA JEUNE D'HOLBACH. Juif.

MME THERBOUCHE. Ah !

LA JEUNE D'HOLBACH. Comment le savez-vous ?

MME THERBOUCHE. Ce fut une rude journée pour lui. Mon petit cœur, je pense que tu devrais retourner au château, ton père est revenu de Chennevières, il te cherche, il t'attend. Va.

LA JEUNE D'HOLBACH *(regardant Diderot avec hargne)*. Ça, je n'ai plus rien à faire ici ! *(A Mme Therbouche.)* Alors, vous allez rester un peu avec nous ?

MME THERBOUCHE *(glissant un œil vers Diderot qui sourit)*. Un peu.

LA JEUNE D'HOLBACH. Tant mieux.

MME THERBOUCHE *(la poussant doucement vers la porte).* Demain, je reprendrai ta main et je te la lirai attentivement. La dernière fois, il n'y avait pas assez de lumière, je n'ai pas dû bien voir. Va.

La jeune d'Holbach disparaît légèrement.

SCÈNE 28

Mme Therbouche, Diderot

DIDEROT. Je vous attendais. Je suis content de vous revoir.

MME THERBOUCHE. Je savais que cela vous ferait plaisir.

DIDEROT. J'allais passer sur cette petite une furieuse envie que j'avais de...

MME THERBOUCHE. ...de moi ?

DIDEROT. J'ai toujours rêvé de passer une nuit avec Néron.

Ils se sourient. Mais aucun n'ose encore s'approcher de l'autre.

MME THERBOUCHE. Tout à l'heure, devant vous, j'ai éprouvé une sensation nouvelle. Vous me regardiez telle que j'étais, avec tous mes défauts, toutes mes vilenies, et pourtant j'avais l'impression d'être belle. Comment faites-vous ?

DIDEROT. La fascination pour le beau crime. Je vous trouve irrésistible en escroque.

MME THERBOUCHE. Je me sens vraiment toute nue auprès de vous ; j'ai le sentiment que je pourrais ranger mes armes, cesser la guerre des sexes. Cela ne m'encombre plus d'être une femme.

DIDEROT. Venez. C'est l'armistice.

Elle s'approche. Il lui vole un baiser, elle se laisse faire puis s'échappe, un peu gênée.

DIDEROT. Oh... elle rougit !

MME THERBOUCHE. Je sais... c'est un peu ridicule d'avoir dix-huit ans à mon âge.

DIDEROT. C'est charmant.

Cette fois-ci, c'est elle qui lui vole un baiser. Puis elle pose son manteau et s'assoit très simplement en face de lui.

MME THERBOUCHE. Maintenant, dites-moi, puisque nous sommes entre hommes...

DIDEROT *(corrigeant)*. ...entre femmes...

MME THERBOUCHE. ...qu'allez-vous prescrire dans votre article « Morale » ?

DIDEROT. Il ne paraîtra pas. Pour la morale, dans ma vie, je me contenterai de bricoler, bricoler en faisant le moins de mal possible aux autres et à moi-même, bricoler au jugé, au toucher, en improvisant. Je ne produirai pas de philosophie morale, je me limiterai au bon sens et à la bonne volonté, comme tout le monde. Je me demande si la sagesse, parfois, ne consiste pas à renoncer d'écrire.

MME THERBOUCHE. Vous êtes à croquer.

Elle s'approche de lui. Il joue celui qui ne comprend pas le geste afin d'attiser son désir.

DIDEROT. Alors, quelle était l'idée qui vous a fait revenir ?

MME THERBOUCHE. Je suis revenue pour le tome treize.

DIDEROT. Pardon ?

MME THERBOUCHE. Le tome treize de l'*Encyclopédie,* celui où vous devrez rédiger l'article « Volupté ».

DIDEROT *(fondant).* Oh... elle est revenue pour le tome treize !

Il la prend contre elle. Elle s'abandonne.

MME THERBOUCHE. Oh, ne vous exagérez pas ma science, je n'en sais pas plus qu'une femme...

DIDEROT. Vous avez raison. Mais c'est le genre d'article qui doit se concevoir à deux.

Ils s'allongent l'un auprès de l'autre. La lumière baisse encore.

DIDEROT. Alors je dessine le programme. D'abord, nous allons faire l'amour toute la soirée.

MME THERBOUCHE. Et après ?

DIDEROT. Nous allons faire l'amour tout le souper.

MME THERBOUCHE. Et après ?

DIDEROT. Nous allons faire l'amour toute la nuit.

MME THERBOUCHE. Et après ?

DIDEROT. Et au matin, nous ferons mieux encore...

MME THERBOUCHE. Et quoi donc ?

DIDEROT. Nous parlerons !

LE LIBERTIN

d'Éric-Emmanuel Schmitt

Créé au théâtre Montparnasse en février 1997

Mise en scène : Bernard Murat.
Décors : Nicolas Sire.
Lumières : André Diot.

Distribution : Bernard Giraudeau *(Diderot),*
Christiane Cohendy *(Mme Therbouche),*
Claire Keim *(la jeune d'Holbach),*
Danièle Arditi *(Angélique),*
Élisabeth Commelin *(Mme Diderot),*
Christophe Wintrich *(Baronnet).*

Une production de Myriam de Colombi.

- Neuronite vestibulaire (vertige)
- Bursite à la hanche

Du même auteur

THÉÂTRE

La Nuit de Valognes, Actes Sud-Papiers, 1991.
Le Visiteur, Actes Sud-Papiers, 1993.
Molière 94 – Révélation théâtrale –
Meilleur auteur
Golden Joe, Albin Michel, 1995.
Variations énigmatiques, Albin Michel, 1996.

ROMAN

La Secte des Égoïstes, Albin Michel, 1994.

ESSAI

Diderot ou la Philosophie de la séduction,
Albin Michel, 1997.

*Cet ouvrage a été composé
et achevé d'imprimer sur Roto-Page
par l'Imprimerie Floch à Mayenne,
pour les Éditions Albin Michel
en novembre 1997.*

*N° d'édition : 17146. N° d'impression : 42633.
Dépôt légal : novembre 1997.*

Imprimé en France